Julian freut sich unheimlich seine geliebte Pauline wiederzusehen, die mit ihren Eltern nach Brüssel gezogen ist. Beide Familien wollen die Ferien gemeinsam verbringen. Doch dann ist Pauline verschlossen und ganz anders als sonst. / 98120602

D1718711

Haye van der Heyden
Kuscheln

Haye van der Heyden

Kuscheln

Aus dem Niederländischen
von Carola Henke

Mit Bildern
von Eva Czerwenka

Wir danken „Nederlands Literair" für den Übersetzungskostenzuschuss.
„Nederlands Literair" ist eine Stiftung, die sich um die Verbreitung
niederländischer Literatur im Ausland bemüht.

Die Deutsche Bibiliothek – CIP-Einheitsaufnahme

Heyden, Haye van der:
Kuscheln / Haye van der Heyden.
Aus dem Niederländ. von Carola Henke.
Mit Bilder von Eva Czerwenka. –
Dt. Erstausg. –
Ravensburg: Ravensburger Buchverl,. 1998
ISBN 3-473-34359-5

Die Schreibweise entspricht den Regeln
der neuen Rechtschreibung.

3 2 1   00 99 98

Deutsche Erstausgabe
© 1998 Ravensburger Buchverlag
für Übersetzung und Illustration
Die niederländische Ausgabe erschien 1996
unter dem Titel „Strelen"
bei Elzenga / Uitgeverij Zwijsen Algemeen b.v. Tilburg
© 1996 Uitgeverij Zwijsen Algemeen b.v. / Haye van der Heyden

Umschlagbild: Eva Czerwenka
Redaktion: Hjördis Fremgen
Printed in Germany

ISBN 3-473-34359-5

Inhalt

Alter, du bist total verrückt

„Was ist los mit dir, Julian?"

„Mein Knie tut weh."

„Schon wieder?" Van Deyssel, der Sportlehrer, sieht ihn misstrauisch an. „Bist du damit beim Arzt gewesen?"

Julian schüttelt den Kopf. „Noch nicht", sagt er leise.

„Hast du dann eine Entschuldigung von deinen Eltern?"

„Auch nicht."

„Warum nicht?"

Nun wird es schwierig. Die Wahrheit kann er nicht sagen, das ist sicher.

„Wenn du keine Entschuldigung hast, musst du mitmachen. Zieh dich um. Los, komm. Immer diese Quengelei."

Julian schaut zu Boden. Er fühlt, dass er rot wird.

„Nein", sagt er entschlossen. „Ich weigere mich."

„Du weigerst dich?"

„Ja."

Im Umkleideraum wird es still. Die Jungen, die sich umziehen, spitzen die Ohren. Was ist los?

„Dann musst du zum Direktor."

„Okay. Dann geh ich zum Direktor." Julian steht auf. Aus dem Augenwinkel sieht er Bart, halb versteckt zwischen den Kleidungsstücken an den Haken, den Daumen nach oben gestreckt.

„Alle bei der großen Tür versammeln", schallt die Stimme von Van Deyssel. Und er ruft noch was hinterher. Julian hört es nicht mehr. Er steht schon auf dem Gang.

Der Gang. Während der Stunden scheint es da totenstill zu sein, obwohl man von allen Seiten Geräusche hört. Dutzende von Stimmen dringen durch die Wände, Türen und Fenster, aus den Klassen und von draußen. Und doch ist es still. Die Schritte klingen wie in einer verlassenen Straße. Doch sobald es zur Pause klingelt, verändert sich der stille Flur in eine geschäftige Einkaufsstraße mit lachenden, redenden Kindern und ernsthaften Lehrern.

Aus der Vierten ertönt die tiefe, unverkennbare Stimme von Weert, dem Lehrer. Ansonsten ist es da still, wie immer. Mit Weert ist nicht zu spaßen. Neugierige Augen gucken durch das Flurfenster. Julian geht weiter. Die Fünf A hört sich an wie eine wild gewordene Herde. Da unterrichtet Van der Molen. Die ganze Klasse schreit durcheinander und Apfelsinenschalen, Papierkügelchen und Butterbrotstückchen fliegen von der einen Seite zur anderen. Jan van der Molen sagt: „Nennt mich ruhig Jan." Voriges Jahr ist er einmal in Tränen ausgebrochen. Die Mädchen finden ihn bedauernswert, die Jungen meinen, dass er einen anderen Beruf wählen sollte.

Julian klopft an die Tür des Direktors.

„Herein."

8   „Du, Julian."

„Ich bin rausgeflogen."

„Wieder aus der Sportstunde?"

„Ja."

„Warum dieses Mal?"

„Mein Knie tut weh."

„Du bist doch nicht herausgeflogen, weil dein Knie wehtut?"

„Ich will nicht mitmachen. Ich hab Angst, dass ich mich verletze."

Der Direktor lächelt. Julian mag ihn, den Alten. Er ist streng, aber seine Augen blitzen vor Vergnügen.

„Hast du keine Entschuldigung vom Arzt oder von deinen Eltern?"

„Nein."

„Warum nicht?"

Keine Antwort. Julian schlägt die Augen nieder. Was nun? Diesem Mann kann man keine schwachen Ausreden erzählen, das weiß jeder. Schwache Ausreden werden mit einer einfachen Handbewegung vom Tisch gewischt.

„Warum nicht?", fragt der Direktor noch einmal.

Julian schweigt und wagt es nicht aufzuschauen. Gottallmächtiger, die Stille dauert eine Ewigkeit. Das ist ein bekanntes Spiel in diesem Zimmer. Der Mann wartet einfach. Bestimmt sitzt er jetzt ganz entspannt nach hinten gelehnt und wartet auf die Antwort.

„Sag ich nicht", murmelt Julian.

„Wie bitte?"

„Ich sagte: Das sag ich nicht."

„Oh."

Das Geräusch von einem knarrenden Stuhl. Julian späht durch seine Wimpern. Der Mann starrt aus dem Fenster. Er überlegt sich eine Fangfrage, klar, oder einen schlauen Trick, um doch noch zu erfahren, was er wissen will. Jeder weiß, dass der Alte der klügste Kopf von der ganzen Schule ist.

„Und warum willst du es nicht sagen?"

Julian räuspert sich. Und noch einmal.

„Das ist privat", krächzt er. „Privat." Sein Blick richtet sich wieder nach unten. Es ist nun eine Frage des Abwartens. Alles kann passieren. Hier weiß man es nie.

„Ah, privat?"

Mit dem ganzen Mut, den er hat, hebt Julian den Kopf und schaut dem Alten in die Augen.

„Ja. Das ist privat."

Der Mann sieht ihn unverwandt an. In seinem Blick ist nichts zu lesen. Nichts. Dann steht er auf. Durchhalten jetzt, tapfer bleiben. Schau ihn weiter an, schau ihn an!

„Gut", sagt der Direktor langsam. „Aber das nächste Mal musst du eine Entschuldigung dabeihaben. Vom Arzt oder von deinem Vater oder von deiner Mutter."

Das nächste Mal? Das ist in über sechs Wochen! Bis dahin ist das Problem gelöst. Bis dahin muss es gelöst sein!

„Schöne Ferien, Julian."

„Ebenfalls. Auf Wiedersehen."

Alter, du bist verrückt. Du bist wirklich total verrückt.

10

Noch kein Haar zu sehen

Julian ist allein im Fahrradschuppen. Es ist Viertel vor
drei. In zehn Minuten klingelt es und dann strömen alle
hierher. Bart und die anderen Jungen stehen jetzt unter
der Dusche. Duschen. Das furchtbare Duschen. Alle in
einer Reihe und nackt. Furchtbar! Julian sieht sich um.
Kein Mensch zu sehen. Soll er mal nachschauen? Ach
nein, Unsinn. Er hat erst heute Morgen nachgeschaut.
Und in ein paar Stunden verändert sich da nichts. Nein?
Das weiß man doch nie? Es muss doch irgendwann einmal beginnen.
Also dann.
Noch ein prüfender Blick nach links und nach rechts. Er
guckt um die Ecke zum Hintereingang der Schule. Nie-
mand da. Niemand zu sehen. Die Luft ist rein.
Dann schnell.
Julian macht den Gürtel auf und zieht den
Reißverschluss runter. Mit klopfendem Herzen
zieht er seine Hose ein bisschen nach unten und
guckt.
Nichts.
Bart und die meisten anderen Jungen haben da schon

Haare. Die einen ein bisschen mehr, die anderen ein bisschen weniger. Aber beinahe alle haben welche. Abgesehen von Gert-Jan und Koos van Swieten. Die schreiben immer Einser und haben da unten null Komma null, sagt Bart. Er hat sie unter der Dusche gesehen und nennt sie lachend „Milchbubis", wenn sie über den Schulhof laufen. Bart sorgt dafür, dass sie von allen ausgelacht werden.

Bart. Sein Freund. Sein bester Freund. Er weiß nicht, dass Julian auch ein „Milchbubi" ist, und er soll auch nicht dahinter kommen. Was für ein furchtbares Getue das doch ist.

Furchtbar.

Julian guckt noch einmal. Ein rascher Blick.

Nichts.

Was für ein Elend.

Bart sagt immer: „Wenn du noch keine Haare hast, dann zählst du nicht."

Bart. Der hat verdammt noch mal ein ganzes Büschel. Der kann schön duschen und lachen. Was für ein Elend! Nach den Ferien muss er Haare haben, muss!

Gibt es da Schlangen?

„Was hattest du?"

„Schwierigkeiten mit meinem Knie."

Bart schaut ihn von der Seite an und grinst. „Ach, komm."

„Wirklich wahr. Ich weiß nicht, was es ist. Es tut weh."

„Vielleicht ist es der Meniskus?"

„Meinst du?"

„Kann doch sein?"

Die Jungen schieben die Fahrräder zur Straße.

„Du hast Mut, so was zu Van Deyssel zu sagen", sagt Bart.

„Ich musste. Soll ich mich etwa verletzen?"

„Dennis Bergkamp. Schone deine Knochen." Bart tritt wild in den Sand. Steine spritzen auf und prasseln gegen das Fahrrad eines Mädchens, das an der Seite steht und wartet.

„Hör auf, Bart, oder ich schraub dir den Kopf ab!", brüllt sie.

„Tolles Mädchen", sagt Bart. „Genau mein Typ." 13

„Was habt ihr eigentlich gemacht?", fragt Julian.

„Beim Sport? Eigentlich nichts. Ein bisschen Baseball gespielt. Ich hab eigentlich die ganze Zeit im Gras gelegen. Wir haben nicht mal geduscht."

Sie haben nicht mal geduscht! Das darf doch nicht wahr sein! Na ja, was macht es noch aus.

„Ihr fahrt morgen in die Ferien, nicht wahr?", fragt Bart.

Julian nickt.

„Mit Pauline und Victor?"

„Pauline und Victor und ihre Eltern und meine Eltern und ich und Vera. Die beiden Familien zusammen."

„Mit allen. Das kann lustig werden."

Julian lächelt. Das wird sicher schön werden. Seit zwei Monaten kann er an nichts anderes mehr denken: Drei Wochen lang wird er ganz nah bei Pauline sein, auf einer Insel im Mittelmeer übrigens. Okay, sie sind dann vielleicht nicht ganz allein, aber sie sind nah beieinander: Sie schlafen im selben Haus und sie essen am selben Tisch. Und das drei Wochen lang. Das werden die schönsten Ferien seines Lebens, das ist sicher.

„Geht ihr noch miteinander, Pauline und du?"

„Wie meinst du das?"

„Ob ihr noch miteinander geht? Ist die Frage nicht deutlich?"

„Ja, natürlich gehen wir noch miteinander. Was dachtest du denn?"

„Und ihr habt euch ein Jahr nicht gesehen?"

„Elf Monate und zwölf Tage."

„Oh, sind es nur elf Monate und zwölf Tage? Na, das geht ja noch. Ich dachte schon, es sei ein ganzes Jahr."

„Wir schreiben uns ganz oft."

„Sie schreiben sich ganz oft! Wie goldig. Was bist du doch für ein lieber Junge!"

14

Julian wird rot. „Leck mich am Arsch."

„Ich habe noch niemals so etwas Lächerliches gehört." Bart quengelt weiter. „Was schreibt ihr euch denn? Liebesbriefe?"

Julian antwortet nicht mehr. Lass ihn nur sein Gift verspritzen. Er wird das doch niemals begreifen.

„Pauline wird in so einem Jahr doch wohl auch mal Spaß haben in Brüssel?", lacht Bart. „Mit einem netten flämischen Jungen. Schreibt sie darüber auch?"

„Wir lassen uns Freiheit." Das klingt steif.

„Für mich seid ihr alle beide total verrückt."

„Dann sind wir eben total verrückt."

„Bist du beleidigt?"

Julian sagt nichts.

„Komm. Ich mach nur Spaß." Bart legt den Arm um seinen Freund. Die Lenker stoßen aneinander und die Jungen fallen beinahe, mit Fahrrad und allem. Julian lacht nur. Was soll er auch anderes tun?

„Und Vera und Victor? Wie ist es eigentlich mit den beiden?", fragt Bart flüsternd.

„Warum willst du das alles wissen?"

„Vera ist doch nun wieder mit Ronald zusammen? Oder ist das auch schon wieder vorbei?"

„Das ist ihre Sache", brummt Julian. „Das muss sie selber wissen." Seine Schwester baut Mist. Die hat einen Freund nach dem anderen.

Am Zaun ist viel los. Freunde nehmen Abschied von Freunden, Freundinnen küssen einander, und ein paar Mädchen aus den höheren Klassen geben sogar Jan van der Molen, der natürlich wegen der Umwelt auch Rad fährt, einen Kuss auf die Wange. Sicher um ihn zu trösten. So ist das eben.

„Hallo, Julian. Hallo, Bart."

15

„Hallo, Erik. Hallo, Dolf. Hallo, Lucas."

Die Jungen kommen zusammen und schlagen einander auf die Schultern.

„Hey Jungs, geile Ferien euch allen!"

„Euch auch. Wir verschicken keine Ansichtskarten, oder?"

„Nein, bitte nicht."

„Hoffentlich kommen wir nächstes Jahr in eine Klasse."

„Hoffentlich nicht. Ich musste euch Nasen schon lange genug ertragen", lacht Bart und steigt auf sein Fahrrad. „Also, bis in sechs Wochen, Julian", sagt er.

„Bis in sechs Wochen."

„Wir bleiben Freunde, oder?"

„Klar."

„Übrigens", Bart sitzt schon auf dem Fahrrad und hält sich am Zaun fest, „du weißt ja wohl, dass es auf Ibiza sehr viele Schlangen gibt?"

„Schlangen?"

„Wusstest du das nicht? Da wimmelt es von Schlangen. Ist ja auch logisch, denn es ist eine Insel und da können die Biester nicht runter. Unterdessen paaren sie sich, denn was sollen sie sonst tun?"

Julian guckt seinen Freund ängstlich an. Schlangen auf Ibiza. Sollte das wirklich wahr sein?

„Sie kriechen in dein Bett, und morgens liegen kleine Schlangen in deinen Schuhen. Pass nur auf. Zieh nie die Schuhe einfach so an, sonst bist du tot."

Und weg ist Bart. Er winkt noch, schaut sich aber nicht mehr um.

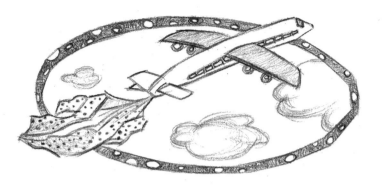

Das wird was werden
in den drei Wochen!

„Nimmst du die weiße Bluse mit den schwarzen Punkten
mit, Mama?"

„Natürlich. Die nehm ich immer mit."

Julian ist vernarrt in die Bluse. Seine Mutter ist eine echte
Granate, wenn sie die anhat, und wenn sie damit über die
Straße geht, drehen sich alle Männer nach ihr um, und zu
Recht, denn es ist eine irre Bluse, die zu allem passt: Sie
sieht prima aus zu einer Jeans, zu einem Rock oder zu ei-
ner Shorts. Sie sieht flott, sexy und schick zugleich aus.
Die Bluse ist ein absoluter Hit. War sie schon immer.

„Nimmst du die neue Jeans mit?"

Julian nickt. „Natürlich." Er hat eine total verrückte neue
Jeans. Levi's 501 selbstverständlich. Er hat schon fantasti-
sche Stiefel, die er zum Geburtstag bekommen hat,
und die Stiefel und die Jeans sind eine perfekte
Kombination. Total gut.

17

„Aber vielleicht müssen wir sie noch einmal wa-
schen", sagt er, vorsichtig, um nicht undankbar zu erscheinen. „Sie sieht vielleicht doch noch ein bisschen zu
neu aus."

„Ich hab sie gestern zweimal gewaschen."

„Danke, Mama, du bist super."

„Ich möchte, dass mein Sohn ganz groovy aussieht", lacht Mutter. „Sie hängt oben über dem Geländer. Sie müsste jetzt trocken sein."

„Und du zerschneidest auch noch die beiden T-Shirts!"

„Das hab ich schon getan. Sie liegen im Koffer."

„Soll ich eigentlich auch meine Lederjacke mitnehmen? Vielleicht ist sie ein bisschen zu warm für Ibiza."

„Die Jacke ziehst du im Flugzeug an, hab ich gedacht."

„Und wenn Papa das nun nicht gut findet?"

„Papa findet es gut. Hab ich schon geregelt. Alles ist geregelt, Junge, mach dir mal keine Sorgen."

„Danke schön, Mama." Julian schaut seine Mutter verliebt an. „Du bist unglaublich toll."

„Das sagst du jetzt. Warte, bis du erst mal richtig in die Pubertät kommst."

„Ich bin schon in der Pubertät und ich finde dich immer noch ganz toll."

„Danke", sagt sie mit einem charmanten Lächeln und beginnt sich die Lippen anzumalen. „Das hör ich sehr gern von einem Mann."

Julian wird still und sieht atemlos zu. Sie schminkt sich. Herrlich. Da kann er Stunden zuschauen.

„Morgen früh um halb zehn geht das Flugzeug, also müssen wir um halb acht auf dem Flughafen Schiphol sein", sagt sein Vater.

18 „Nein", sagt seine Mutter. „Acht ist früh genug."

„Also gut. Acht Uhr. Das heißt, dass wir um sieben hier wegmüssen."

„Das heißt, dass wir um Viertel nach sechs aufstehen müssen. Oh Gott. Viertel nach sechs!", ruft seine Mutter aus.

Vater zuckt mit den Schultern. „Kann ich die Koffer zumachen?"

„Diese zwei kannst du zumachen."

„Diese zwei? Haben wir noch mehr?" In seiner Stimme klingt Panik. Immer wenn sie in die Ferien fahren, hat er Panik und Stress.

„Kein Stress, Jochem. Bitte."

„Es ist dort den ganzen Tag glühend heiß. Und abends auch. Da braucht man nicht viel. Nimm bloß nicht zu viel mit. Jedes Jahr nimmst du viel zu viel mit."

„In der Tat. So bin ich. Warum soll ich es dieses Jahr auf einmal anders machen? Mein kleiner Koffer oben ist auch schon voll. Und mein Schminkkoffer muss auch mit. Das du es weißt."

„Jesus."

„Vera, schenk deinem Vater einen Klaren ein, dann wird er vielleicht ruhig."

„Soll ich ihm einen Doppelten eingießen?", fragt Vera.

„Ihr habt gut reden", sagt Vater. „Ich muss alles regeln. Und ich bekomme die Schuld, wenn es nicht klappt."

„Ahhhhhhh!", ruft der Rest der Familie im Chor. „Wie bedauernswert!"

„Dafür haben wir auch alle Verständnis, mein lieber Schatz." Mutter streichelt ihren Mann unter dem Kinn.

„Aber wir wollen dort doch ein bisschen hübsch aussehen, auch wenn wir in einem Ferienhaus wohnen, das auf einem einsamen Berg liegt."

Vater schweigt. Er kommt nie gegen sie an.

„So ist es doch, Julian?", fragt seine Mutter und sie drückt ihren Sohn an sich und streicht ihm über das Haar.

„So ist es", sagt der.

„Und wir gehen doch auch aus, Jochem? Nun komm. Ich

will sowieso an einem Abend in die berühmte Diskothek Ku. Da muss man hin, wenn man auf Ibiza ist."

„Paul sagt, dass man dreißig Piek für ein Glas Pils bezahlt. Dreißig Piek!"

Julian sieht seinen Vater ungläubig an. Dreißig Gulden? Das ist unmöglich.

„Find ich nicht so teuer", sagt Vera, die mit einem eisgekühlten Glas Genever aus der Küche kommt. „In Monaco bezahlt man fünfzig oder mehr."

„Was weißt du denn schon?"

„Zufällig weiß ich es. Es steht in der ‚Story'."

„Oh, es steht in der ‚Story'?", brüllt Vater mit sich überschlagender Stimme. „Ja, dann wird es wohl auch so sein."

„Kein Stress, Jochem."

„Trink lieber, Alter", sagt Vera.

„Nimm einen schönen großen Schluck", sagt Mutter.

„Wenn ihr in den Ferien die ganze Zeit streitet, flieg ich wieder nach Hause", sagt Julian böse. Er denkt auf einmal daran, dass sie auf Ibiza drei Wochen lang mit zwei Familien aufeinander hocken, und bekommt eine Heidenangst.

„Ja", unterstützt Vera ihn. „Ich schäme mich vor Victor und Pauline zu Tode."

„Wir werden uns nicht streiten. Wer streitet hier? Streit? Unsinn!", schreit Vater und trinkt sein Glas in zwei Schlucken leer.

„Gut so, Jochem. Bist ein Pfundskerl", lacht seine Frau. „Noch einen?"

Julian wird um Viertel nach neun von einem angetrunkenen Vater ins Bett geschickt.

„Geh ins Bett, Junge. Und zwar jetzt."

„Das hat doch keinen Sinn, Jochem", protestiert Mutter. „Der Junge kann doch nicht schlafen."

„Warum soll er nicht schlafen können?", brüllt Vater.

„Die Kinder sind viel zu aufgeregt vor der Reise. Gib ihnen auch ein Schlückchen Wein, das scheint mir besser."

„Keinen Wein. Ins Bett."

Julian hat gelernt, mit seinem Vater nicht zu diskutieren, wenn der getrunken hat, sonst wird es wieder uferlos und es wird stundenlang furchtbar geschrien und nicht zugehört. Er steht auf.

„Dann geh ich auch", sagt Vera. „Dann könnt ihr schön turteln."

„Stell dir da mal nicht zu viel vor", lacht Mutter. „Nach sechs Genevern schläft dein Vater meistens mehr, als dass er turtelt."

„Ich freu mich auf die drei Wochen", sagt Vera. Sie sitzt auf Julians Bettrand und sieht ihren Bruder mit glänzenden und strahlenden Augen an.

„Ich auch", sagt Julian.

„Willst du wissen, warum ich mich so darauf freue?"

„Okay. Warum?"

„Weil ich etwas beschlossen habe. Es betrifft Victor und mich."

„Was denn?"

Seine Schwester schaut ihn an. Sie bringt ihr Gesicht dicht an seines und flüstert: „Kannst du ein Geheimnis bewahren?"

„Besser als du", sagt Julian.

21

„Wenn du mich jetzt runtermachst, erzähl ich es nicht."

„Okay. Sorry. Erzähl schon."

„Victor und ich haben beschlossen, dass wir …"

Vera spricht nun so leise, dass sie nicht mehr zu verstehen ist.

„Dass ihr was?"

„Du verstehst schon?"

Julian hat keine blasse Ahnung. Worüber redet sie?

„Wovon redest du?"

„Wir machen es, du Holzkopf."

„Was macht ihr? Was ver..." Auf einmal begreift Julian es. Sie machen es? Vera und Victor machen es? „Meinst du das?"

„Ja."

„Bist du dir sicher?"

„Ja."

„Ihr macht es?"

„Ja."

„Auf Ibiza?"

„Ja."

„Hast du das mit Victor abgesprochen?"

„Ja."

Julian guckt sie mit offenem Mund an. Die traut sich was. Nicht zu fassen.

„Ich selbst finde vierzehn noch ein bisschen zu jung", sagt Vera. „Aber Victor will es so gern. Und ach, ich gönne ihm gern eine Freude." Sie lächelt, schließt die Augen und macht ein quietschendes Geräusch. „Und ich bin eigentlich auch neugierig."

„Aber was, ich meine, wie, ich meine, wo wollt ihr es machen?"

22 „Vielleicht am Strand oder so. Im Mondlicht. Nah bei der See. Richtig romantisch."

„Hast du keine Angst?"

„Angst? Wovor?"

Tja, wovor sollte sie Angst haben müssen? Er weiß es

nicht. Es scheint ihm etwas zu sein, vor dem man Angst hat.

„Und weißt du genau, wie es funktioniert?"

„Das muss Victor herausfinden", lacht Vera. „Er hat damit angefangen. Wir machen es mit einem Kondom. Wir versuchen es."

„Oh ja."

Julian starrt vor sich hin. Was für ein Ereignis. Und dann auch noch mit einem Kondom. Stell dir das mal vor. Diese Vera!

„Aber du musst es doch heimlich tun?", fragt er sie. „Papa und Mama sind damit bestimmt nicht einverstanden."

„Mama soll ihren Mund halten. Sie hat es auch schon mit fünfzehn getan."

„Häh?" Julian starrt seine Schwester fassungslos an. „Ist das wahr?"

„Ja."

„Woher weißt du das?"

„Das hat sie mir erzählt."

„Sie hat dir das erzählt?"

„Ja."

„Wann denn?"

„Irgendwann mal. Als sie ein paar Weinchen getrunken hatte und wir zusammen die Jungen auf den Inline-Skates beobachtet haben."

Julian starrt an die Decke. Er versucht sich seine Mutter als junges Mädchen vorzustellen. Wie schön sie gewesen sein muss!

So wie Pauline jetzt wahrscheinlich.

23

„Aber du darfst nichts erzählen", zischt Vera. „Das begreifst du doch."

Julian nickt.

„Weil der Vater und die Mutter von Victor, Junge, das sind

Heuchler. Victor darf fast nie auf eine Fete, während sein Vater gerade drei Monate irgendwo anders gewohnt hat mit seiner Sekretärin."

Julian seufzt tief. „Woher weißt du das denn?"

„Die Ohren offen halten, wenn sie denken, dass du ein Buch liest, Julianchen." Sie schaut ihn an. „Machst du dort nichts mit Pauline? Das ist deine Chance."

Julian starrt sie an. Oh je. Muss er nun auch etwas tun?

„Vielleicht", sagt er mit einer dünnen Stimme.

Vera klopft ihrem Bruder auf die Schulter.

„Du musst noch eine Menge lernen, Kleiner. Aber ich werde dir helfen. Gute Nacht. Träum was Schönes." Sie gibt ihm einen Kuss auf die Wange und verlässt das Zimmer.

Julian liegt noch mindestens eine Viertelstunde bei brennendem Licht wach und denkt nach. Liegt Pauline jetzt auch wach und denkt daran, was auf Ibiza alles passieren kann?

Das träum ich öfter

Julian kann nicht schlafen. Er schläft nicht. Oder doch? Er ist auch nicht wach. Oder doch? Komisch, er weiß es nicht. Schläft er nun oder nicht? Was ist das? Halbschlaf oder Halbtraum? Auf jeden Fall ist es schön. Eine Art Niemandsland, zwischen allem.

Er liegt auf dem Rücken, die Augen geschlossen und träumt vielleicht, dass er träumt. Oder er träumt, dass er träumt, dass er träumt. Kompliziert. Nicht drüber nachdenken. Was soll's? Er fühlt sich wohl. Hervorragend. Alles ist gut. Morgen fährt er in die Ferien und sieht Pauline. Vorläufig nicht in die Schule. Schön. Es sieht gut aus. Keine Sorgen.

Warm ist es. Warm. Er hat die Augen geschlossen, aber er sieht alles mögliche. Schöne Dinge. Verflixt, er sieht Pauline auf einer Wolke. Das ist doch nicht möglich, ja, er sieht Pauline auf einer Wolke. Wie schön. Schau nur: Sie hat einen Bikini an. Ist es überhaupt Pauline? Sie sieht so aus, aber sie ist viel älter. Sie sieht wie eine erwachsene Frau aus, mit großen Brüsten und wunderbaren Lippen. Sie öffnet ihren Mund und schwebt auf ihn zu. Sie schwebt auf ihn zu, kommt aber nicht näher. Seltsam. Das kann nicht sein. Warum bleibt sie da? Sie soll nicht dableiben.

Julian streckt seinen Arm aus. Komm. Sie guckt und lacht. Ja, nun kommt sie wirklich näher. Sogar ganz nah. Nun schwebt sie direkt vor seinem Gesicht und küsst ihn. Er fühlt ihre Lippen auf seinen. Sie küssen sich. Was für ein herrlicher Kuss, wie fantastisch sie ist und was für ein schönes, sanftes und herrliches Gefühl. Ihre Zunge streichelt an seiner entlang. Ein warmes Gefühl zieht durch seinen ganzen Körper. Das hat er noch nie erlebt. Herrlich ist das. Der Kuss bewegt sich von seinen Lippen entlang seinen Wangen zur Seite und nach oben. Dann ist ihr Mund an seinem Ohr und sie flüstert etwas. Sie flüstert unverständliche Flüsterwörter. Sonderbare Wörter sind es, die man festhalten kann, Wörter mit Gefühl, Wörter, die wie Wärme durch seinen Körper strömen.

Eine Hand streichelt ihn, streichelt seinen Körper. Finger streicheln über seine Brust, über seinen Bauch. Halbschlaf und Halbtraum. Er schwebt frei in der Luft und liegt doch im Bett. Alles ist warm und süß und sanft. Immer mehr Wolken schweben um ihn herum, voller Frauen, die beinahe nackt sind. Sie haben durchsichtige Tücher umgelegt. Er meint eine Stimme zu hören, in der Ferne. Er kann nicht verstehen, was sie sagt, aber es sind liebe, sanfte, schöne Wörter, aus lieben, sanften, schönen Buchstaben gebildet. Wörter, die man festhalten kann, Wörter mit Gefühl, Wörter, die wie Wärme durch seinen Körper strömen.

26   Kennt er die Frauen, die um ihn herumwirbeln und schweben? Ja, er kennt sie. Es sind Mädchen und Frauen, die er mehr oder weniger kennt. Das sechzehnjährige Mädchen vom Nachbarn gegenüber ist dabei und das Mädchen, das er jeden Tag auf ihrem Moped

sieht, und die Lehrerin von der 2. Klasse, die zu Weihnachten heiraten wird und die immer so verrückte Jeans anhat. Und da: Er sieht die sechs Mädchen aus dem Schwimmbad, die sechs, die immer auf der Wiese liegen und Zigaretten rauchen.

Julian lacht und einen Augenblick ist es still und nichts passiert. Einen Augenblick steht alles still.

Stille.

Es ist nur eine kalte Nacht.

Halbschlaf und Halbtraum.

Aber die Geräusche, die Wörter, die Frauen, die Mädchen, es grummelt wie ein Gewitter in der Ferne. Und dann. Sie winken ihm, die sechs. Die Mädchen öffnen ihre Münder und küssen ihn, alle gleichzeitig. Und sie streicheln und streicheln, entlang seinem Körper. Er wird aufgehoben von dutzenden von Händen, dutzenden sanften, lieben Händen. Julian steigt ein Stück in die Luft und schwebt über allem.

Unter sich sieht er das erste Mädchen, das wie Pauline aussieht. Sie liegt im Gras und schaut ihn an. Ganz langsam zieht sie sich aus. Sie winkt. Komm nur, komm. Sagt sie das? Ja, sie winkt und formt mit ihren Lippen die Worte „komm nur". Komm nur, komm. Julian beugt sich vor und schwebt durch die Luft auf sie zu. Jetzt ist er genau über ihr. Komm nur, sagt sie noch einmal. Komm nur, komm. Er drückt seinen Körper auf ihren.

Und dann.

Es ist, als ob etwas in seinem Kopf explodiert. Um ihn herum ist weißes und blaues Licht, das an- und ausgeht. Seine Beine strecken sich, sein Körper bebt. Es ist, als ob er zerspringt, und gleichzeitig, als ob ein herrlich sanfter Strom durch ihn hindurchgeht. Ein Strom, der vom Rücken durch seine Beine zieht. Ein Feuerwerk, ein Feuerwerk ist in seinem Kopf. Ein herrliches Feuerwerk, ein herrliches Feuerwerk, ein herrliches Feuerwerk.

Der Klang entfernt sich und das Gefühl schwebt über den Horizont davon. Ist das ein Traum oder ist das Wirklichkeit? Nein, es ist Wirklichkeit. Ein kühler Luftzug weht, er sieht das Nachtlicht durch die Gardinen und den Streifen Licht unter der Tür. Er ist jetzt wach. Was ist passiert?

Er hat von allem geträumt, von dem er ab und zu träumt. Julian bewegt seine Beine. Was ist das? Er fühlt etwas Nasses auf seinem Bauch. Sollte es das sein? Das wird es sein. Es ist Samen, der aus ihm herausgekommen ist. Samen ist nach draußen gekommen. Verrückt. Also das ist es, wovon sie immer reden, Bart und die anderen Jungen. Was für ein fantastisches Gefühl das war und was für ein herrlicher Traum.

Er nimmt sich vor, noch öfter so zu träumen. Na und ob! Das war zu verrückt. Und das nicht allein: Er ist auch erleichtert. Natürlich. Jetzt wird er nämlich auch schnell Haare kriegen. Natürlich. Haare wachsen aus Samen wie Blumen aus Regen.

28

Champagner

Unglaublich, wie viele Menschen in Schiphol sind. Sie wimmeln wie Ameisen durcheinander, mit Koffern und Taschen und großen Kartons, die mit überkreuzten Schnüren zugebunden sind.

„Wir haben Pech", sagt Julian. „Dass es heute so voll ist. Ausgerechnet heute geht jeder in die Ferien."

„Es ist nicht so voll", sagt sein Vater.

„Nicht voll? Schau doch nur!"

„Letztes Mal, als wir nach London geflogen sind, da war es voll", sagt seine Mutter. „Es ist jetzt sogar ruhig."

Ruhig? Julians Mund geht auf. Das nennen sie ruhig? Nicht zu fassen, diese Menschenmassen! Und man sieht auch so viele verschiedene Farben: ein Mann mit einem knallrosa Turban und einem elegant geschnittenen grauen Bart, vier Japaner in genau demselben blauen Anzug, ein teerdunkler Schwarzer mit einem Ring in der Nase in einem eleganten grauen Anzug, eine Gruppe fetter Amerikaner mit Mützchen, ein echter englischer Lord mit einer Melone und einem Regenschirm, eine schöne Frau mit einem Hund, der eine Jacke an hat, drei Frauen mit einem Punkt auf

29

der Stirn in grellfarbenen Gewändern, um nur einige zu nennen. Julian guckt sich die Augen aus.

„Hier checken wir ein. Schalter zehn bis vierzehn. Setz sie mal ab, die Koffer."

Gottseidank. Julian trägt einen Koffer, den Schminkkoffer seiner Mutter und eine Umhängetasche. Nur gut, dass sie nach Ibiza fliegen und nicht laufen.

„Treffen wir die Brummers hier oder am Flugsteig?"

„Hier, haben wir abgemacht."

„Da sind sie. Da ist Victor." Vera schreit es. „Heh, Victor!"

„Vera!"

Sie rennen aufeinander zu, total enthusiastisch.

Julian schaut hin und sieht, wie sie, als sie direkt voreinander stehen, verlegen werden und nicht recht wissen, was sie tun oder sagen sollen.

„Hey", sagt Victor.

„Hey", sagt Vera.

Hinter den beiden erscheinen der Vater und die Mutter von Pauline mit einem Mädchen, das Julian nicht kennt. Vielleicht ist das eine Freundin von Victor, die …

Das ist Pauline!

Das ist Pauline!

„Hey", sagt sie und lächelt alle lieb an. „Hey."

Julian öffnet den Mund, aber es kommt kein Laut raus. Er starrt das Wunder der Natur an und traut seinen eigenen Augen nicht. Das ist Pauline, diese wunderschöne junge Frau.

„Hallo, Julian."

30 „Hallo", stammelt er.

Pauline setzt ihren Koffer ab. Julian betrachtet sie von oben bis unten. Sie trägt braune halbhohe Schuhe und eine enge schwarze Jeans. Darüber baumelt eine schwarz-braune Leinenjacke über einer beigen Bluse.

Julian starrt sie an: Das ist kein Mädchen mehr, das ist schon eine Frau. Sie hat die Figur von einem sechzehn-, siebzehnjährigen Mädchen. Gottallmächtiger.

„Da sind wir also", sagt sie und lacht.

„Ja, da seid ihr", stottert Julian.

Die Eltern begrüßen sich, sodass niemand Julians Verlegenheit sieht. Auch Pauline scheint sie nicht zu bemerken. Sie schaut sich um. Ein bisschen gelangweilt wirkt sie.

„Ist alles gut gelaufen?", fragt Mutter.

„Wir sind Dienstagabend aus Brüssel gekommen", sagt Paulines Vater. „So haben wir die Familie noch ein bisschen gesehen."

„Flugsteig C 27, Kinder. Um neun Uhr müsst ihr da sein. Achtet auf die Zeit."

Julian nickt und guckt auf seine Armbanduhr. Sie haben noch fünfundzwanzig Minuten.

„Komm, Victor", sagt Vera. „Dann gehen wir was kaufen." Sie zieht ihn mit.

„Ich würde gern eine Tasse Kaffee trinken", sagt Mutter gähnend.

„Da werden wir was zu trinken bekommen." Vater zeigt in eine Richtung.

Die Eltern gehen zur Bar in der Mitte der riesigen Halle.

„Kommt ihr mit, Julian? Pauline?"

„Oder sollen wir auch zu den Läden?", fragt Julian schnell.

„Okay", sagt Pauline. „Passt du auf meine Tasche auf, Mama?"

„Schon gut, Schatz. Aber achte auf die Zeit."

Pauline nickt und gibt ihrer Mutter die Tasche.

„Komm", sagt sie zu Julian.

Sie gehen zu den Duty-Free-Shops. Julian würde gern Paulines Hand nehmen, aber er traut sich nicht. Sie ist so anders als früher, wie es scheint. Anders als vor einem Jahr. Sie ist ein bisschen … wie soll man das sagen? Ein bisschen distanziert vielleicht. Distanziert, ja, das ist es.

„Auf Schiphol kann man sehr günstig Parfüm kaufen", sagt Pauline. „Kaufst du manchmal Parfüm, Julian? Oder After-Shave? Für später?"

Sie lächelt.

Ob er manchmal Parfüm kauft? Was soll er darauf sagen?

„Nein, eigentlich nicht", sagt er nur. „Bis jetzt noch nicht."

„Hier kauft man Parfüm", sagt Pauline mit einem Lächeln. „Und ich benutze immer Eau de Calandre von Paco Rabanne."

„Oh", sagt Julian.

„Riech mal." Pauline beugt sich vor und hält ihr Ohr vor seine Nase. Julian schnuppert. Eau de was von Paco was. Es riecht tatsächlich bezaubernd. Unvorstellbar gut. Ein wahnsinnig toller Duft.

„Aber ich hab noch genug", lacht Pauline. „Also brauchst du es nicht für mich zu kaufen."

„Oh", sagt Julian wieder.

„Außerdem ist es schrecklich teuer. Und ich will dich nicht in Unkosten stürzen gleich am Beginn der Ferien."

„Danke", sagt Julian. „Soll ich dir etwas anderes kaufen?"

„Willst du das?"

„Warum nicht?"

„Warum willst du das denn?" Sie streicht eine Locke aus ihren Augen.

Weil ich dich liebe, will Julian sagen. Und weil ich von dir geträumt habe. Aber er sagt es nicht. Stell dir vor, sie will wissen, was er geträumt hat. Das kann er nicht erzählen. Und wenn er anfängt zu lügen, durchschaut sie das bestimmt. Seine Mutter durchschaut es auch immer, wenn er lügt.

„Nur so", sagt er. „Ist doch schön?"

„Sollen wir uns mal umschauen?", fragt Pauline und nimmt, ohne die Antwort abzuwarten, seine Hand und zieht ihn in den Shop, in dem es Zigaretten und Getränke zu kaufen gibt.

„Ich rauch nicht", sagt Julian verlegen.

„Ich auch nicht, aber wir können uns doch umschauen?" Sie gehen an hunderten von Zigarettenstangen und allerlei Sorten von Getränken vorbei.

„Trinkst du schon mal Wein?"

„Ja", sagt Julian. „Manchmal."

„Und Champagner?"

„Auch. Silvester trinken wir immer welchen."

„Ja, wir auch. Sieh mal." Pauline zeigt auf eine ganze Reihe von Champagnerflaschen. Alle möglichen Sorten. „Ich bin verrückt danach", sagt sie. „Und es hat auch so etwas Festliches."

„Fünfundvierzig Gulden", liest Julian. „Den kriegt man auch nicht umsonst."

„Umsonst geht die Sonne auf", sagt Pauline wie eine Frau von Welt. „Aber tatsächlich, die Preise sind anständig."

„Sieh dir das an, Pauline: Die kosten dreihundertfünfzig!"

„Zehn Gulden pro Schluck", sagt sie strahlend. „Stell dir das mal vor."

„Wir sollten vielleicht besser keinen Champagner kaufen. Sonst sind wir mit einem Schlag pleite. Wir können doch auch …"

„Und die da?", fällt Pauline ihm ins Wort. Sie zeigt auf eine kleine Flasche. „Das ist ein Piccolo. Hab ich einmal von meinem Vater bekommen. Lecker, Mensch. Hat jeder ein Glas. Gerade genug."

Julian schaut auf den Preis. Fünfzehn Gulden. Auch noch ganz schön teuer für ein paar Gläschen, aber gut, heutzutage ist alles teuer. Er will die Flasche nehmen, doch sie ist schneller. Sie hat schon eine vom Regal genommen.

„Ich kauf eine", sagt Pauline. „Für die Romantik. Es ist immer gut, etwas zur Hand zu haben."

„Ja, da hast du Recht", sagt Julian großspurig. „Ich liebe romantische Frauen."

„Das weiß ich doch." Sie lacht schrill. „Du bist nämlich auch sehr romantisch. Du schreibst wundervolle Briefe."

Sie findet, dass er wundervolle Briefe schreibt. Er tut da auch sein Bestes. Er schreibt über die Natur und über die Schule und über Sport und über die Mädchen, die Pauline von früher kennt. Er hält sie auf dem Laufenden, wer in wen verliebt ist und so weiter.

„Man lebt nur einmal", sagt Pauline und geht zur Kasse. „Ich werde das Fläschchen bei einer ganz besonderen Gelegenheit trinken." Sie schnalzt mit der Zunge und grinst.

Pauline. Sie ist eine Frau geworden.

Wunderschön. Aber er muss sich noch daran gewöhnen. Sie ist so anders. Ist sie die Frau aus seinem Traum?

„Was für eine besondere Gelegenheit denn?", fragt er mit einer beklommenen Stimme.

„Das seh ich dann. Aber es muss eine ganz besondere sein." Sie spitzt die Lippen.

Ist das Pauline?

34

Sie hat einen anderen

Julian sitzt am Fenster. Unter ihm eine wunderschöne und von Sonnenschein überflutete Wolkendecke. Am Anfang, gleich nach dem Start, gab es noch Turbulenzen, aber nun, da sie über den Wolken sind, gleitet die Boeing ohne das geringste Zittern durch die Luft. Sie sind schon an Paris vorbei, das kann man auf dem Monitor sehen.

„Möchten Sie noch etwas trinken?" Die Stewardess sieht ihn freundlich an und lächelt lieb.

„Gern", antwortet Julian. „Einen Tomatensaft, bitte."

Pauline, die schräg vor ihm sitzt, schaut sich gerade nach ihm um und lächelt höflich. Das ist es: höflich. Die Stewardess lächelt lieb und die Frau, die er liebt, lächelt höflich.

„Ein Tomatensaft."

„Danke sehr."

Sie ist so verändert, ist vom Mädchen zur Frau geworden, eine wunderschöne erwachsene Frau, gewiss, aber muss sie dann auch noch wie alle Erwachsenen so distanziert sein, so verschlossen? Da ist etwas falsch. Aber was? Hat er vielleicht etwas in einem Brief geschrieben, was sie geärgert hat? Was könnte das sein? Julian nimmt einen Schluck Tomatensaft und starrt nach draußen. Da sieht er in Gedanken Pauline wie in seinem Traum: auf einer Wolke schwebend, mit einem dünnen, durchsichtigen Tuch um ihren nackten Körper.

„Schön, nicht wahr?", sagt seine Mutter, die neben ihm sitzt.

„Wunderschön."

Wenn sie wüsste, woran er gedacht hat.

„Vielleicht fliegen wir über die Alpen und können den Mont Blanc sehen."

Julian nickt und starrt. „Ja."

„Ist doch interessant?"

Julian nickt.

„Ist irgendwas?" Mutter streicht ihm übers Haar.

„Nein, nein."

„Wirklich nicht?"

Sie durchschaut immer alles. Sie fühlt es immer. Sie weiß es immer.

„Es ist privat", sagt Julian.

„Oh. Okay. Entschuldige bitte." Mutter nimmt eine Zeitschrift und beginnt darin zu blättern. Sie lässt ihn in Ruhe. Will er das eigentlich? Will er nicht viel lieber, dass sie weiter über seine Haare streicht und er ihr währenddessen all seine Sorgen erzählen kann?

Julian trinkt. Ein Eisstück schmilzt nicht im Tomatensaft. Wie mag das kommen? Auf dem Umschlag der Zeitschrift, die seine Mutter liest, steht in großen Buchstaben:

Dein Freund liebt eine andere, und was dann?

Natürlich.

Pauline hat einen anderen!

Dass er darauf nicht früher gekommen ist!

Natürlich hat sie einen anderen. Bart hat es doch gesagt? Sie wird in dem Jahr in Brüssel sicher mal mit einem netten flämischen Jungen Spaß gehabt haben. Sie hat sich verliebt. Das passiert, das kann passieren. Sie ist in einen netten flämischen Jungen verliebt. Sjef heißt er, oder Pol oder so. Dafür hat sie das Fläschen Champagner gekauft. Für zu Hause. Sjef oder Pol. Mit dem hat sie auch schon allerhand erlebt. Natürlich. Jetzt ist sie eine Frau.

Julian schließt die Augen.

Pauline ist in Sjef oder Pol verliebt und nun muss sie mit Julian, ihrer früheren holländischen Liebe, in die Ferien. Das ist schrecklich, weil ihr Herz natürlich bei Sjef oder Pol ist, aber weil sie niemanden verletzen will, ist sie höflich. Das ist es, das ist los. Sjef oder Pol. Von dem hat sie natürlich auch das Parfüm bekommen, dieses Eau de was von Paco was.

Das ist es.

Natürlich!

Pauline hat einen anderen!

„Möchtest du etwas essen?" Diese Stewardess schaut ihn weniger lieb an und sie sagt außerdem nicht „Sie" wie die andere. Schade. Julian findet es schon angenehm, wenn man „Sie" zu ihm sagt. Sie haben immerhin eine Menge Geld für den Flug bezahlt und da kann man doch wohl ein bisschen Höflichkeit erwarten?

„Ja, geben Sie's her", sagt er lässig.

Seine Mutter sieht ihn von der Seite verwundert an. Sie sieht und hört aber auch alles. Julian reagiert nicht und klappt das Tischchen aus der Lehne. Dann wird er eben etwas essen.

„Bitte."

37

Die Stewardess stellt die Lunchdose vor ihn hin.

„Danke dir", sagt er bissig, mit Betonung auf „dir".

Er weicht dem Blick seiner Mutter aus und schaut aus dem Fenster. Wolken. Aber keine Frau schwebt dort entlang. Der Traum scheint jetzt so weit weg. Scheint hundert Jahre her zu sein. Draußen ist gerade eine Schneelandschaft zu sehen. Kalt ist es da. Er wünschte, er hätte Ski bei sich und könnte wegfahren, weg von allem, weg von seiner Mutter, weg von diesen Ferien, weg von Pauline.

Jozefien oder Majestät

„Eivissa" steht auf dem Schild.

„Das ist Ibiza", sagt Paulines Vater. „In Ibizenkisch. Der Sprache der Insel."

„Sie sprechen hier doch Spanisch?", fragt Vera.

„Katalanisch. Das ist dem Spanischen sehr ähnlich, aber eben doch anders."

„Es ist ein Dialekt", sagt Victor.

„Lass sie das nur nicht hören", sagt Mutter. „Dann werden sie böse."

„Sie verstehen einen doch nicht", sagt Julian.

„Wir nehmen ein Taxi."

„Dann aber zwei."

„Ich geh mal auf die Suche."

„Da ist offenbar ein Stand."

„Bleibt ihr hier bei den Koffern."

Zwei weiße Taxis sausen über die lange gerade Straße, die in den Norden der Insel führt, Richtung San Miguel. Im ersten sitzen die Erwachsenen, im anderen der Rest. Victor sitzt vorne, Julian hinten in der Mitte. Er fühlt die Wärme von Paulines Körper an seinem

Oberschenkel und denkt an seinen Traum. Sie sieht starr aus dem Fenster. Was denkt sie jetzt?

„Es ist hier gar nicht so warm", sagt sie.

„Das kommt durch die Klimaanlage", sagt Vera. „Das scheint nur so."

Es ist wahr, es ist, als ob sie in Holland wären. Die Sonne scheint nicht und im Auto ist es kühl.

„Ich finde es angenehm, dass es nicht so schrecklich heiß ist." Pauline schaut ein bisschen bedrückt drein.

Ihr stinkt es natürlich, denkt Julian, jeder Meter, den sie zurücklegen, entfernt sie weiter von Sjef oder Pol oder wer es auch ist.

Die Autos biegen plötzlich von der Straße ab und fahren nach rechts auf einen Feldweg, der voller Schlaglöcher und Steine ist.

„Wir fahren in den Busch", ruft Victor enthusiastisch nach hinten. „Jetzt fängt es wirklich an."

Der Weg geht nach ein paar hundert Metern auf einmal steil hoch. Der Taxifahrer schaltet in den ersten Gang zurück und sagt etwas. Sie verstehen kein Wort. Das wird wohl Katalanisch gewesen sein.

„Si", sagt Victor.

„Sitzen hier eigentlich Schlangen unter Steinen oder Büschen?", fragt Julian.

„Schlangen sitzen nicht, die liegen", ruft Victor.

Vera und Pauline lachen. Nun ist Julian an der Reihe, starr aus dem Fenster zu schauen. Links vom Auto ist ein Tal, rechts ein riesiger Kakteenwald. Weil das Auto so hin und her schaukelt, stoßen sie auf dem Rücksitz immerzu gegeneinander.

„Sorry", sagt Julian, als er mit seinem Knie hart gegen das von Pauline schlägt.

„Macht nichts", antwortet sie.

Sie drehen in einer scharfen Kurve nach links und fahren plötzlich auf einen offenen Platz vor einem kleinen weißen Haus. Die Taxis halten.

„Aussteigen, wir sind da", schreit Victor aufgeregt.

Die Türen schwingen auf.

„Kommt nur raus, Kinder", sagt Vater.

Leuchtend weiß ist das Haus. Man kann beinahe nicht hinschauen, so weiß ist es. Die Mauern sind wohl einen Meter dick und haben kleine Fenster, sodass es drinnen kühl und dunkel ist. Die Gesellschaft streift ein wenig herum. Dies ist eine ganz andere Welt.

„Das müsst ihr sehen, das Schwimmbad!" Victor ist ganz aus dem Häuschen. Er rennt hin und her. „Wahnsinnig. Das müsst ihr euch anschauen!" Alle laufen zur Seite des Hauses. Dort befindet sich ein hübsches Schwimmbad mit einer großen Terrasse. Dahinter liegt das Tal, hier und da andere weiße Häuser und Schlängelpfade.

„Sehr schön", sagt Pauline.

„Dürfen wir rein?", fragt Vera und fühlt das Wasser. „Es ist herrlich."

„Nun mal mit der Ruhe", sagen die Eltern. „Erst mal die Koffer reintragen und so weiter."

Julian guckt etwas ängstlich. Hier und da raschelt es zwischen den Steinen. Was ist das?

„Sieh nur, überall Eidechsen", sagt seine Mutter, die natürlich wieder seinen Gedanken erraten hat.

„Das sind ganz liebe Tierchen."

Julian ist davon noch nicht so überzeugt.

Stell dir vor, dass sie zu dir ins Bett kriechen!

Er sieht ängstlich zu der langen Mauer aus aufeinander geschichteten Steinen, die sich am Haus entlangzieht. Darin wimmelt es von den Tieren.

„Lasst uns erst alles ein bisschen einrichten und danach gehen wir zusammen schwimmen", schlägt Mutter vor.

„Ich geh nicht schwimmen", sagt Pauline. „Mir ist es zu kühl."

Alle schauen sie erstaunt an.

„Zu kühl?", brüllt Victor. „Es ist hier glühend heiß!"

„Ich finde es ein bisschen kühl", sagt Pauline und läuft mit ihrem kleinen Koffer ins Haus.

Alle lachen. Julian und seine Mutter wechseln einen Blick. Was ist los?

„Julian schläft mit Victor im hinteren Zimmer. Vera und Pauline im Zimmer neben dem Bad."

Julian nimmt seinen Koffer und schleppt ihn hinter sich her. Er schläft mit Victor. Verdammt. Er wäre viel lieber mit Vera in einem Zimmer. Oder mit Pauline natürlich, aber er versteht, dass das nicht geht.

„Dürfen wir jetzt schwimmen gehen?", quengelt Victor.

„Erst die Koffer auspacken und alles einräumen."

Der Vater von Pauline und Victor ist streng. Er sagt nicht viel, aber wenn er etwas sagt, ist es streng. Doch Julian findet ihn nicht unfreundlich. Er hat Stil, wie man das nennt. Schöne Hosen trägt er und noch schönere Oberhemden. Und er spricht mit einer herrlich tiefen, rauen Stimme.

„Ich finde es hier ganz fantastisch", sagt Victor, während er wie ein Rasender alle seine Kleider aus dem Koffer zieht und in eine Schublade des Schranks schmeißt. „Wir werden hier viel lachen."

Julian nickt. Ein bisschen seltsam ist es, mit jemandem, den man nicht so gut kennt, in einem Zimmer zu schlafen. Andererseits ist er erleichtert, nicht allein zu sein. Es ist alles noch so fremd hier.

„Ich bin fertig", sagt Victor. Er klappt seinen Koffer zu, schiebt ihn unter das Bett und rennt aus dem Zimmer.

Julian steht still und saugt die Umgebung ein. Die Umgebung und den Geruch. Der Geruch in diesem Haus ist ganz besonders. Was ist es genau? Etwas Holzartiges. Aber das ist es nicht allein. Es riecht nach Wärme, nach ausgeschlossener flimmernder Hitze. So etwas. Manches ist doch schwer in Worten auszudrücken.

„Hört euch die Hausregeln an", raspelt der Vater von Pauline und Victor. „Elektrizität gibt es hier nur in der Küche und im Badezimmer. In den Schlafzimmern benutzen wir Öllampen, also sorgt dafür, dass immer eine Streichholzschachtel neben eurem Bett liegt, falls ihr nachts mal rausmüsst."

„Irre", sagt Victor. „Spannend."

„Jeder darf nur kurz duschen. Wasser ist hier knapp und teuer."

„Ich dusche überhaupt nicht", schreit Victor. „Ich tauche ins Schwimmbad."

„Jeder macht sein Bett selbst und jeder hilft beim Kochen und Abwaschen und so weiter. Wir haben alle Ferien."

Julian sieht seine Mutter an. Die zwinkert ihm zu und lächelt.

„Und zum Schluss, wir haben im Flugzeug beschlossen, dass die Kinder nicht mehr Frau und Herr sagen müssen. Wir sind hier schließlich in der Wildnis und da gelten andere Regeln", sagt Paulines Vater. Er sieht Vera und Julian an. „Ich heiße Paul und meine Frau heißt Mary."

43

„Und ich heiße Jozefien", sagt Julians Mutter zu Pauline und Victor.

„Und man darf nicht Jo sagen und auch nicht Fien", sagt

Julian schnell. „Entweder vollständig ‚Jozefien' oder aber ‚Majestät'."

Alle lachen.

„Und ich bin Jochem", sagt Vater.

Eine Viertelstunde später platschen Jochem und Paul und Mary und Victor und Julian und Jozefien und Vera in das Schwimmbecken.

„Das hier ist das Paradies", übertönt Mary alles. „Die Ruhe und die Stille! Die Stille!"

Julian sieht, wie ein Stückchen entfernt ein Bauer, der auf dem Feld, das weiter unten am Hügel liegt, mit einer Sense beschäftigt ist, zu ihnen schaut. Der hat keine Angst vor Schlangen, denkt er, der hat eher Ärger mit den Touristen.

Was gibt es doch für viele Welten auf der Welt.

Pauline ist drinnen. Sie sitzt in ihrem Zimmer. Natürlich vermisst sie Sjef. Oder Pol.

Stiller Kummer?

Am Abend wird es totenstill auf dem Berg. Nur die Grillen hört man. Komisch, dass ihre Geräusche die Stille eigentlich noch betonen. Über Julians Kopf prangt der wundervollste Sternenhimmel, den er jemals gesehen hat: Millionen und Millionen von kleinen Lichtpunkten. So 'ne verrückte Idee, dass dort im Weltall auch Menschen wohnen können. Entweder Menschen – vielleicht sind es keine Menschen, sondern Wesen oder Dinge – oder vielleicht nur Gefühle, die durch die Luft schweben …

„Und dann bin ich ganz allein in einem Kanu den Amazonas hinaufgepaddelt. Achtzehn Jahre alt war ich damals", erzählt Paul mit seiner schönen rauen Stimme. „Ich würde das jetzt nicht mehr wagen."

Die ganze Gesellschaft sitzt draußen vor dem Haus und trinkt Wein. Julian hört nur halb zu. Es gibt so viel zu sehen um ihn herum, in der dunklen Nacht. In der Ferne im Tal flimmern die Lichter eines Hauses und die Scheinwerfer eines Autos, das über einen Weg holpert, flackern.

45

„Und ein Jahr danach bin ich Mary begegnet und wieder zwei Jahre danach haben wir geheiratet."

„Weil ich kam", sagt Victor.

Alle lachen.

„Weil du kamst, ja", sagt Mary.

„Victor ist eigentlich an allem schuld", sagt Vera.

Julian ist auch schon bei seinem zweiten Glas Weinschorle. Es macht ihn schön wohlig und schläfrig.

„Schau nur. Hallo."

Auf der weißen Außenwand erscheint im Schein der Öllampe eine Echse mit einem breiten Kopf und Pfoten mit Saugnäpfen. Ein bisschen unheimlich, denkt Julian. Aber zum Glück sind alle dabei.

„Das ist ein Gecko", sagt Paul.

„Ein was?"

„Ein Gecko. Noch nie davon gehört?"

„Nein."

„Soll ich ihn mal füttern?"

„Was willst du ihm geben?"

„Meiner Meinung nach fressen sie alles." Paul steht auf, streckt vorsichtig seinen Arm aus und bewegt ganz langsam ein Stückchen Chip in Richtung des Tiers, das ihn bewegungslos anstarrt. Als seine Hand ganz nah ist, schießt der Gecko weg unter das Dach.

„Vielleicht mag er keine Chips."

„Oder er achtet auf seine Linie."

„Sollen wir es mal mit einer Erdnuss versuchen?"

„Nein, von Erdnüssen wird er wirklich dick."

„Und dann fällt er von der Mauer."

Sie lachen.

„Kommt, wir nehmen noch ein Gläschen", sagt Vater. „Ein leckerer Wein."

„Aber die Kinder nicht mehr", sagt Mary.

„Ach, lass sie doch", sagt ihr Mann. „Warum nicht?"

„Wie du meinst, mein Lieber."

„Ach ja. Noch ein Gläschen, Pauline?"

Pauline schüttelt den Kopf. Sie sitzt ein bisschen abseits. Den ganzen Abend schon ist sie still. „Nein danke", sagt sie.

Sie denkt natürlich an ihren Freund in Brüssel, denkt Julian. Das sieht man. So hat er selbst auch schon einmal gesessen auf einem Fest oder auf einem Geburtstag: Da hatten es alle schön und er nicht, weil er an Pauline gedacht hat. Tragisch ist es natürlich, aber unter einem solchen Sternenhimmel und mit zwei Gläsern Weinschorle wirkt es alles etwas weniger wichtig.

„Ich geb eine Runde aus", sagt Paul.

Die Gläser werden noch einmal voll geschenkt.

„Prost. Zum Wohl."

„Hab ich euch eigentlich schon erzählt, wie ich einmal als Junge mit dem Boot ..."

Sein Vater erzählt immer dieselbe Geschichte. Julian hört nicht hin und träumt sich weg: Er baut im Kakteenwald eine Hütte, die vollkommen sicher ist. Keine Schlange kann reinkommen. Da wohnt er mit Pauline und seiner Mutter. Sie sind den ganzen Tag zusammen und niemals kommt jemand vorbei. Abends liegt Pauline in einem durchscheinenden Gewand auf einem großen Kissen mitten in der Hütte. Sie sieht sehr glücklich aus und lacht. Stundenlang sitzen sie beieinander und trinken herrlichen Wein. Es wird wenig gesprochen. Sie sitzen einfach da und lauschen den Grillen.

„Sieh mal."

Der Gecko erscheint erneut auf der Mauer.

„Da ist er wieder."

„Wie still er sitzt, nicht wahr?"

„Womit er Recht hat. Sonst kommt eine Eule, die ihn von der Mauer pflückt."

47

„Oh ja?"

„Wie traurig."

„Das ist die Natur."

„Jetzt müsst ihr aufpassen, seht, der Nachtfalter", sagt Paul. Ein Meter vom Gecko entfernt lässt sich ein kleiner Nachtfalter auf der schneeweißen Mauer nieder.

„Passt auf."

Die ganze Gesellschaft schaut atemlos zu. Der Kopf des Geckos bewegt sich ganz langsam in die Richtung des Falters.

„Oh Gott, er hat ihn gesehen. Er hat ihn gesehen!"

„Wird er ihn kriegen?"

„Psst."

Der Gecko lauert und macht ein paar Schritte. Selbst die Grillen schweigen jetzt. Noch ein paar Schritte. Der Nachtfalter bewegt seine Flügel, bleibt aber sitzen.

„Sollen wir ihn warnen, den Falter?"

„Still jetzt."

„Ich finde es traurig."

„Still!"

„Aber ich finde …"

Zu spät. Der Gecko schießt mit unglaublicher Geschwindigkeit vorwärts und schnappt zu.

„Ohhh", sagt Mary. „Wie traurig."

Ein Stückchen flatternder Flügel schaut noch aus dem Maul des Tiers, das ganz still auf seinem Platz sitzen bleibt. Dann mahlen seine Kiefer dreimal und weg ist der Nachtfalter. Verschlungen.

48

„Das ist die Natur", sagt Victor. „So geht das nun mal."

„Wie schnell er ist", sagt Vera. „Er sollte bei den Olympischen Spielen mitmachen."

„In welcher Disziplin denn?", fragt Victor.

„Im Nachtfalterschnappen", sagt Vera.

Alle lachen.

Pauline steht plötzlich auf. „Ich geh ins Bett", sagt sie. „Gute Nacht." Ohne jemanden anzuschauen geht sie ins Haus.

„Was ist mit ihr?", fragt Paul in die Stille, die folgt.

„Das hat sie schon eine Zeit lang."

„Ja, sie wirkt ein bisschen betrübt", sagt Mutter.

„Das wird wohl die Pubertät sein."

„Pauline ist ein schönes Mädchen", sagt Vater. „Und sie wird eine schöne Frau werden."

„Ja, das wird nicht aufzuhalten sein", seufzt Paul.

„Das ist die Natur."

„Ja."

„Ja, sie bekommt schon eine Figur, nicht wahr?"

„Sie hat sie auf einmal bekommen. Beinahe von einem Tag auf den anderen."

„Es wirkt ein bisschen, als ob sie einen stillen Kummer hat."

Einen stillen Kummer. Wie schön das klingt. Passt hundertprozentig zu Pauline, denkt Julian. Zur alten Pauline. So wie sie früher war. Das liebe, sanfte Mädchen. Er tut, als ob er andächtig lauscht, was alles gesagt wird – um nicht gestört zu werden –, und schwebt immerzu fort in den Sternenhimmel. Es ist der Wein, der ihm Flügel gibt. So wie Pauline jetzt ist, ist sie nicht mehr das Mädchen von früher. Eher wie die erwachsene Frau auf der Wolke, aus seinem Traum. Und das hat auch was. Es ist vielleicht weniger sanft und lieb und romantisch, aber es ist …

49

„Aber von da an ist sie auch ganz verschlossen geworden. Das werden wohl die Hormone sein."

„Vorher war sie viel fröhlicher und lauter."

„Ich hab schon versucht mit ihr darüber zu sprechen", sagt Mary. „Aber nein."

„Wir lassen sie mal lieber in Ruhe."

„Ja, das ist wahrscheinlich das Beste."

Warte mal! Jetzt ist der Groschen gefallen. Die Erwachsenen schwatzen noch weiter, aber Julian hört nicht mehr zu. Das ist doch eine ganz wichtige Information! Denk mal drüber nach. In Brüssel war Pauline auch schon so. Also liegt es nicht an diesen Ferien und nicht an ihm oder daran, dass sie von zu Hause weg ist. Vielleicht hat sie sogar keinen Freund, den sie vermisst. Es ist etwas ganz anderes. Die Pubertät, sagen sie. Ob es das ist? Ach nein, die Erwachsenen schieben immer alles auf die Pubertät. Das ist so schön bequem, dann hat man die Sache erledigt.

„Ich finde, sie ist eine Trine geworden", sagt Victor. „Früher konnte man noch mit ihr rumblödeln, aber jetzt? Pff."

„Als ob man mit dir so lachen kann." Es ist heraus, bevor Julian es merkt.

Alle lachen und schauen zu ihm. Er wird knallrot.

„Ja, Victor, wenn du etwas gegen Pauline sagst, bekommst du es mit Julian zu tun", sagt Mutter.

„Ein Ritter", sagt Paul. „Ich mag das."

„Ich geh auch ins Bett", sagt Julian mürrisch. Er steht auf und läuft weg.

„Irr dich nicht im Zimmer!", schreit Victor und lacht gemein.

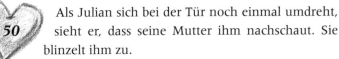

Als Julian sich bei der Tür noch einmal umdreht, sieht er, dass seine Mutter ihm nachschaut. Sie blinzelt ihm zu.

Begegnung in der Nacht

Es ist stockfinster und so unglaublich still, dass es ihm vorkommt, als sei er taub und blind geworden. Allein das Klopfen seines Herzens dröhnt auf sein Kissen, und im Hintergrund ein Brummeln, wenn Victor im Bett neben ihm atmet.

„Victor?", flüstert er. „Bist du wach?"

Keine Antwort.

„Victor?"

Nichts. Der schläft wie ein Bär.

Mit zitternden Händen aus Angst vor Eidechsen, Geckos und Schlangen tastet er nach den Streichhölzern, um Licht zu machen. Hier lag doch irgendwo die Schachtel? Er fühlt einen kalten Fußboden, Sandkörnchen, einen Schuh. Wo sind die Streichhölzer?

„Verdammt."

Er findet sie nicht und tastet auf dem Stuhl neben dem Bett nach seiner Hose. Auch nicht zu finden. Wie kann das sein? Er hat seine Hose doch auf den Stuhl gelegt?

Ein Geräusch!

Was war das?

51

Er hat etwas gehört.

Ein Tier? Einen Menschen?

„Ist da jemand?"

Keine Antwort.

Julian liegt ängstlich und regungslos im Dunklen. Wie lange ist er nun schon wach? Eine Stunde? Stunden? Wie lange hat er geschlafen? Wie spät ist es?

Da schimmert ein Streifen dunkelblaues Morgenlicht durch das klitzekleine Fenster nach drinnen und Julian wagt es aufzustehen, seine Unterhose anzuziehen und zur Toilette zu gehen.

Unterwegs erschrickt er zweimal vor einem Tier: Erst ist es der Handfeger, dann das Blech. Er schwört sich, gleich am Tag eine Taschenlampe zu kaufen. Er muss diese drei Wochen eine Taschenlampe haben.

In der Toilette brennt eine kleine Öllampe. Julian steht, als er pinkelt, ein ganzes Stückchen vom Becken entfernt. Es können Schlangen drin sein. Es gibt doch auch Wasserschlangen? Die kriechen durch den Abwasserkanal.

Abziehen? Lieber nicht. Er hat Angst vor dem Lärm.

Vorsichtig schlurft Julian zurück. Er berührt die Mauern nicht. Man weiß ja nie.

Kraaaaak.

Vor Schreck schlägt sein Herz laut. Er wird starr vor Angst. Was ist das? Eine Tür.

Da ist jemand. Da ist jemand!

„Julian?"

52 Es ist Pauline.

„Pauline?"

„Wie dunkel es hier ist."

„Ich hab keine Streichhölzer."

„Ich schon. Aber ich krieg die Öllampe nicht an."

„Musst du auf die Toilette?"

„Ja."

„Ich geh mit dir mit", sagt er mannhaft. „Ich komm grad von da." Er streckt seinen Arm aus. Sie tasten nacheinander und fassen sich an die Hände.

„Unheimlich im Dunklen", flüstert Pauline.

„Wovor hast du Angst?", fragt er.

„Vor Tieren."

Julian lacht. „Du hast Ideen. Komm nur. In der Toilette brennt ein Licht."

Er wartet vor der Tür.

„Lieb von dir", sagt Pauline, als sie wieder nach draußen kommt. „Ganz lieb."

Für einen kurzen Moment sieht er sie im Schein der Lampe. Sie hat ihr Haar zu einem Zopf geflochten und trägt nur ein langes T-Shirt und Slippers.

Sie schlurfen wieder zurück zu den Schlafzimmern.

Julian geht voraus. Kurz vor ihrer Tür fühlt er eine Hand auf seinem Rücken.

„Julian?"

Er dreht sich um. Ist es das Mondlicht oder das frühe Morgenlicht, das die Konturen ihres Gesichts anleuchtet? Es ist, als ob sie aus schwarzem Papier geschnitten ist.

„Ich hab gehört, dass du mich verteidigt hast."

„Oh ja?"

„Gegen Victor."

„Oh das. Ach."

„Danke."

Die Silhouette erweist sich aus Fleisch und Blut, als sie ihn umarmt.

„Ohhh …", stöhnt sie, schlingt ihre Arme um ihn und drückt ihren Körper gegen seinen.

Julian schließt die Augen. „Oh Pauline."

Ihre Münder und Zungen finden sich und küssen sich. Es ist ein langer, inniger Kuss. Wie lange ist das her.

„Ich hab mich so nach dir gesehnt", flüstert sie.

„Echt wahr?"

„Ja, natürlich. Ich liebe dich doch!"

„Ich dich auch."

Ganz still stehen sie da, in einem Haus auf der Insel Ibiza. Ein Fleckchen auf der Erde. Ein Moment in der Zeit. Dieses Fleckchen und dieser Moment. Bewegungslos stehen sie da. Wie die Stühle, die Bank und der Schrank gehören sie zu dem Mobiliar. Es ist niemand anderes auf der Welt. Es gibt keine Schlangen und keine Menschen.

Er streichelt ihren Rücken. Pauline stöhnt. Seine Hand geht zu ihrem Po. Sie trägt einen Slip unter ihrem T-Shirt. Pauline stöhnt. Sie küsst ihn in den Nacken. Das ist schöner als im Traum. Das ist alles. Er streichelt ihren Po, ihre Oberschenkel, drückt sie dann ein kleines Stückchen weg und bringt seine Hand nach vorne. Pauline stöhnt. Sanft liebkost er mit seinen Fingern ihren warmen Bauch. Pauline stöhnt. Langsam streichelt er nach oben.

„Nein!" Sie drückt ihn von sich weg.

„Was ist?"

Sie antwortet nicht, macht sich los und läuft weg.

„Pauline, was ist?"

„Nichts!", sagt sie böse und verschwindet in ihrem Zimmer, lässt ihn im Dunklen zurück.

54   Später im Bett schlägt sein Herz immer noch im Hals. Es ist, als ob er Fieber hat. Was ist passiert? Er hat etwas verkehrt gemacht. Aber was? War das Traum oder Wirklichkeit? Im Traum geht alles wie von selbst. War das Leben wie ein Traum?"

Pauline will lesen

„Herrlich, bezaubernd. Was für eine himmlische Sonne."
Mutter streckt sich behaglich auf der großen Sonnenliege
neben dem Schwimmbad aus. Sie trägt einen weißen
Bikini mit zartem Flitter.

„Wenn wir dieses Wetter doch etwas häufiger in den Nie-
derlanden hätten", seufzt Mary neben ihr. Die Schweiß-
tropfen perlen auf ihrem Bauch.

„Cremt euch bitte gut ein, Kinder, sonst seid ihr heute
Abend rot wie ein Krebs", sagt Paul. Er schöpft mit einem
Sieb, das an einem Stab befestigt ist, Blätter und tote
Nachtfalter aus dem Wasser.

„So rot wie ein Krebs?", ruft Victor. „Dann muss es wohl
ein gekochter sein."

„Selbstverständlich", sagt Paul. „So rot wie ein lebender
Krebs ist natürlich Unsinn."

Julian lacht. Das ist doch ein witziger netter Vater.
Er sagt immer die absurdesten Sachen.

55

„Ich zieh mal mein Oberteil aus, wenn ihr einverstanden seid", sagt Mutter. „Wir sind ja schließlich unter
uns."

„Meinetwegen kannst du alles ausziehen", sagt Paul. Er

schöpft und verliert beinahe sein Gleichgewicht. „Ups, da bin ich fast reingefallen."

„Lasst uns hieraus aber kein Nudistenlager machen", sagt Vater aus seinem Liegestuhl unter dem Vordach, ohne von seinem Buch hochzuschauen. „Es sind Kinder dabei."

„Unsere Kinder können das vertragen", ruft Mary.

„Die sind nämlich alle beide nackt geboren", sagt Paul.

Mutter lacht ihm zu. Julian sieht es. Sie findet ihn auch nett. Gewiss. Julian kennt sie schon sein ganzes Leben und er kennt den Blick in ihren Augen: Sie ist angetan, wie sie das selbst nennt. Sie ist angetan von Paulines Vater, stell dir vor!

„Wo ist Pauline eigentlich?", fragt er.

„Drinnen", sagt Vera. „Sie war noch mit irgendwas beschäftigt."

Julian schaut nervös zu seiner Schwester. Sollte sie etwas von gestern Abend wissen?

„Allez hopp", ruft Mary, zieht das Oberteil ihres Bikinis mit einer Handbewegung aus und wirft es in das Schwimmbecken.

Mutter folgt ihrem Beispiel, aber sie macht es viel schöner. Selbstverständlich. Sie schiebt erst sorgfältig die Träger herunter und enthüllt dann mit einer eleganten Geste und einem Lachen ihre Brust. Paul guckt. Julian sieht, dass er guckt, und Julian sieht auch, dass Paul sieht, dass er gesehen hat, dass er guckt. Der Mann schöpft leidenschaftlich.

„Was siehst du doch noch unverschämt gut aus, Fien!", murrt Mary.

„Jo-ze-fien!", sagt Julian, während er zufrieden feststellt, das Mary Recht hat: Mutter sieht wundervoll aus, braun und wohlgeformt.

„Wie machst du das nur?", quengelt Mary.

„Viel rauchen und trinken", sagt Mutter. „Liebenswürdig sein zu Mann und Kindern. Und von der Sonnenbank Gebrauch machen."

Paul lacht. Seine Augen funkeln. Oh je, denkt Julian, wenn sie abends bloß nicht zu viel trinken und merkwürdige Dinge machen. Das endet doch immer mit Streit.

„Soll ich Faktor vier nehmen?" Vera hat ihr Oberteil ebenfalls ausgezogen. Sie liegt apart auf einer Matratze am Rand vom Schwimmbecken. Sie sieht schon fast wie eine richtige Frau aus.

„Da ist Pauline."

Julian verfärbt sich und schaut sich um. Da ist sie! Pauline kommt über den Plattenweg entlang der Hausseite.

„Seht euch das an!", lacht Victor. „Die geht auf eine Expedition an den Nordpol."

Pauline trägt eine lange Hose, Turnschuhe und einen Sweater, und sie hat eine Handtasche bei sich.

„Die hat was an. Sie ist verrückt geworden!" Victor nimmt Anlauf und macht eine Bombe in den tiefsten Teil des Schwimmbeckens. Das Wasser spritzt meterhoch.

„Was hast du vor, Liebling?", fragt Mary.

„Nichts", antwortet Pauline mürrisch. „Wieso?"

Die Erwachsenen wechseln Blicke.

„Die Kleider."

„Was ist damit?"

„Willst du dich nicht sonnen?"

„Sonne ist schlecht für die Haut. Mit Sicherheit jetzt bei den Löchern im Ozon."

Alle schauen sie erstaunt an. Darauf wissen sie keine Antwort.

„Aber wenn man nur kurze Zeit in der Sonne bleibt, ist das doch nicht so schlimm!", sagt Mutter. Sie liegt mit geschlossenen Augen rücklings auf dem Liegestuhl.

„Aber schwimmen wirst du doch wohl?", fragt Paul. „Das Wasser ist herrlich."

Pauline schüttelt den Kopf. Sie geht zum Tisch unter dem Vordach, öffnet die Tasche und holt ein Buch heraus.

„Ich werde lesen", sagt sie.

„Die ist total verrückt geworden", schreit Victor.

„Ruhig jetzt", sagt Mutter ohne aufzuschauen. „Wir haben alle Ferien. Jeder kann machen, was er will."

Julian hält unter Wasser die Augen offen. Da ist wenig Chlor drin, sagt Paul, also kann er es machen. Wunderbar ist das: Unter Wasser bekommt alles eine wellige Form. Und die Farbe ist irre: grünblau mit gelben Streifen von der Sonne. Und alle Geräusche scheinen weit weg. Unter Wasser ist es besonders friedlich. Er hätte gern Kiemen, damit er länger unten bleiben könnte.

Prustend kommt Julian wieder nach oben.

„Nicht so lange unter Wasser bleiben", sagt Mutter. Sie ist besorgt aufgestanden.

„Ich halte das mühelos aus", lacht er. „Ich werde bestimmt nicht ertrinken."

Blitzlichtartig sieht er, dass Pauline aufgestanden ist und neben dem Schwimmbecken steht. Sie sieht ihn an. Mit einem traurigen Blick. Was ist bloß mit ihr? Der stille Kummer ist nun deutlich auf ihrem Gesicht zu lesen.

„Here I come!", schreit Victor. Er springt und macht eine Bombe genau neben Julian.

„Pass auf, Victor", sagt Paul, als der Junge wieder nach oben kommt. „Ruhig."

58

Paul zieht seine Bahnen. Wie gut er schwimmen kann! Mit drei Zügen kommt er von dem einen Ende des Beckens zum anderen.

„Hast du gesehen, wie hoch das Wasser gespritzt ist?"

Victor klettert über die Treppe aus dem Wasser. „Noch einmal und diesmal alle aufpassen." Er läuft an Pauline vorbei und packt sie plötzlich. „Möchtest du jetzt nicht auch mal eine kühle Dusche nehmen, Schwesterchen?"

„Nicht, Victor", ruft Mary.

„Lass Pauline in Ruhe."

„Nicht, Victor."

„Victor, nein."

Aber es ist schon zu spät. Victor lässt sich ins Wasser fallen und zieht seine Schwester mit.

„Zum Henker, Victor", brüllt Paul.

„Victor!", schreit Mary.

Julian schaut mit wummerndem Herzen wassertretend zu.

„Saukerl, du Saukerl!", heult Pauline, als sie hustend und mit wutverzerrtem Gesicht nach oben kommt. Sie zappelt in Panik zur Treppe und zieht sich nach oben. Aus ihren Kleidern läuft literweise Wasser.

„Saukerl!!", ruft sie noch einmal und rennt zum Haus.

„Victor, wie konntest du das tun?", sagt Mutter.

Die Tränen stehen ihr in den Augen.

Weiße Wattewolken

„Sie will mich nicht reinlassen", sagt Mary. Sie hebt die Hände zum Himmel. Ihre nackten Brüste tanzen zu allen Seiten.

„Soll ich mal gehn?", fragt Paul.

„Meiner Meinung nach sollten wir sie lieber in Ruhe lassen", sagt Mutter.

„Das denk ich auch, ja", seufzt Mary.

„Ich geh gleich mal nach ihr schauen", sagt Paul. Er streckt sich auf dem Liegestuhl aus. „Wenn ich trocken bin."

„Oder gehst du, Julian?", sagt Mutter und sieht ihn bedeutungsvoll an.

„Das ist vielleicht eine bessere Idee."

„Ja", ruft Victor. „Du gibst ihr einen Kuss und es ist vorbei."

Julian antwortet nicht, aber er nimmt ein Handtuch und beginnt sich abzutrocknen. Es gibt Arbeit. Jetzt muss er tapfer sein. Er sieht seine Mutter mit einem Blick an, der sagen soll: Ich will schon zu ihr, aber dann darf ich auch nicht gestört werden, dann darf sich niemand einmischen! Versteht sie, was er sagen will?

60

„Wir bleiben hier", sagt sie.

Die Frau ist unglaublich.

Victor und Vera nehmen Hand in Hand Anlauf, um zusammen eine Bombe zu machen. Sie kreischen vor Aufregung.

„Muss das sein, dieser Radau?", fragt Vater, als das aufspritzende Wasser klatschend einen Streifen über die Terrasse zieht.

Die Urheber sind allerdings in diesem Moment unter Wasser und nicht erreichbar für ein gutes Gespräch.

„Ich versuche zu lesen."

Julian wickelt sich in das große Badehandtuch und schaut sich um. Vera und Victor zappeln im Wasser, die beiden Mütter liegen wieder auf dem Rücken in der Sonne, Vater liest und Paul schaut über das Tal. Die Luft ist rein. Er schiebt seine Füße in die Slippers und geht über den Pfad längs des Hauses zur Hintertür.

Drinnen ist es kühl. Kühl und dunkel. Julian läuft ohne ein Geräusch zu machen. Warum eigentlich? Aus Respekt vor dem Kummer wahrscheinlich, das muss es sein. So wie man bei einem Begräbnis keinen Lärm macht, das gehört sich nicht. Laute Geräusche und Geschrei gehören zu Festen und Festlichkeiten. Die Tür zu Paulines Zimmer ist angelehnt. Er geht leise hin. Gerade als er den Mund öffnen will, um sie flüsternd zu rufen, ertönt aus dem Zimmer ein Schluchzer, der ihn schweigen lässt.

Was ist das? Weint sie? Julian spitzt seine Ohren und lauscht. Sie weint. Er hört es nun ganz deutlich. Er zögert: Was soll er tun? Reingehen und sie in die Arme nehmen? Vielleicht wird sie dann erst recht böse. Man weiß es bei den Frauen nie, und bei Pauline allemal nicht. Ganz vorsichtig geht er ein Stück näher an die Tür. Und noch einen. Er beugt sich vor und sieht durch den Spalt ins Zimmer. Da ist sie. Pauline. Sie sitzt mit dem Rücken zu ihm, auf dem Bett, klatschnass, und sie weint. Oh Pauline, ich würde dich so gerne trösten.

Etwas in ihm hält Julian zurück, als ob eine Stimme ihm sagt, dass er nicht reingehen darf. Vielleicht ist es besser, wenn er zurückgeht, zu den anderen. Ja, das ist das Beste. Pauline hat schließlich auch ein Recht auf ihre Privatsphäre.

Seltsam. Sein Gehirn gibt seinen Füßen den Auftrag, rechtsum kehrt zu machen, aber es passiert nichts. Kein Muskel bewegt sich. Er steht da, totenstill, und späht nach drinnen. Von draußen dringen die Geräusche von Vera und Victor im Schwimmbad hinein. Jeder ist mit seinen eigenen Angelegenheiten beschäftigt. Keiner sieht ihn.

Plötzlich hört Pauline auf zu weinen. Vor Schreck bleibt Julian das Herz stehen. Weg hier.

Er muss weg.

Aber nein.

Er bewegt sich nicht.

Er steht da, bleibt stehen und guckt zu, wie Pauline ihre quatschenden Turnschuhe auszieht und die klatschnasse Bluse von ihren Armen streift. Es ist wie in einem Reklamefilm, so wie sie dasitzt in ihrem BH und den Jeans. Musik ist das Einzige, was fehlt.

Spannend ist es.

Pauline beugt sich vor und tastet auf dem Rücken nach dem Verschluss des BHs. Julian wird rot. Nun ist er zum Spanner geworden. Das ist die Beschäftigung von ekelhaften alten Männern. Das geht wirklich nicht.

Aber ehrlich, es gelingt ihm nicht wegzugehen. Es gelingt ihm einfach nicht.

Elegant, selbstverständlich, zieht Pauline ihren BH aus und legt ihn neben sich auf das Bett. Was macht sie jetzt? Sie holt etwas raus. Sie hat irgendwas in ihren BH gestopft. Was ist das? Sie holt eine große weiße Kugel aus dem linken Körbchen, hält die von sich ab und presst sie aus. Wasser tropft auf den Boden.

Watte.

Das ist Watte.

Pauline hat Watte in ihren BH getan.

Weiße Wattewolken.

Ku!

„Meine Damen und Herren, wie seh ich aus?" Mutter dreht im Schein der großen Öllampe eine Runde um den Tisch. Der lange Zigeunerrock schwingt um ihre Beine, begleitet von dem Geklirre der langen Kette, die sie um den Hals trägt.

„Fantastisch", sagt Julian. „Du siehst fantastisch aus."

„Echter Hippielook", sagt Paul. „Sehr passend für diese Insel." Er trägt eine schwarze Hose und ein schwarzes Seidenhemd, das bis an den Nabel geöffnet ist.

„Und wie findet ihr mich?", gurrt Mary.

Nicht so gut, denkt Julian, längst nicht so gut, aber er sagt nichts. Immer höflich sein zu einer Dame.

„Ganz sexy", sagt Vater.

Pauline schaut von ihrem Buch auf. In ihrem Gesicht ist nichts zu lesen. Sie schaut nur. Sie hat den ganzen Abend still in einer Ecke gesessen und kein Wort gesagt.

64

„Sind wir eigentlich nicht viel zu früh?", fragt Paul und schaut besorgt auf seine Armbanduhr. „Es ist Viertel nach zehn und ich habe gehört, dass es dort frühestens um ein Uhr zu swingen anfängt."

„Wir können uns doch selbst unterhalten!", sagt Mutter. „Wir tanzen. Ob da jemand ist oder nicht."

„Finde ich auch", ruft Mary. „Ich finde es außerdem netter, wenn da noch nicht so viel Publikum ist. Ich schäme mich zu Tode vor all dem jungen Gemüse."

Julian guckt noch einmal bewundernd zu seiner Mutter. Sie muss sich vor nichts schämen. Sie wird die Ballkönigin sein, die Discoqueen.

„Setzen wir uns", sagt Paul. „Das Taxi ist doch noch nicht da. Und wer weiß, wie lange das hier dauert."

„Wo ist der Fotoapparat?", fragt Julian.

„Ja", ruft Mary. „Wir machen ein Foto."

Victor rennt nach drinnen. „Ich hol ihn schon."

„Wann genau, denkt ihr, seid ihr wieder zurück?", fragt Vera mit einer braven Stimme.

„Keine Ahnung, mein Schatz", antwortet Mutter. „Wenn es dort nett ist, kann es wohl recht spät werden."

„Je netter wir es haben, desto später wird es", lacht Paul.

„Aber es wird sicher etwa vier Uhr." Mary schminkt zum dritten Mal ihre Lippen. Sie kann es aber auch nicht. Es geht immer daneben.

„Geht ihr nur einfach ins Bett", sagt Vater schlecht gelaunt. „Morgen früh sind wir wieder da."

„Hier ist der Fotoapparat."

„Erst meine Mutter allein", sagt Julian. „Ich möchte ein Foto von ihr allein. Für später."

Pauline schaut auf und lächelt. Das erste Lächeln heute Abend. Eifersüchtig ist sie also nicht. Das macht einen Unterschied.

65

„Gib mal her", sagt Vera, als Julian fertig ist. Sie nimmt den Apparat und macht ein Foto nach dem anderen: Mutter allein, Mutter mit Vater, Mary mit Vater und ein paar von Paul mit Mutter.

„Cool, was", sagt Mutter, während sie lachend Pauls Brusthaar streichelt. Mary und Vater gucken ein bisschen sauer zu.

„Da ist das Taxi."

Ein alter weißer Seat parkt vor dem Haus.

„Un momento, señor", ruft Mary.

Der Taxifahrer stellt den Motor aus, zündet sich eine Zigarette an und wartet.

„Und nun eins von Julian und Jozefien", sagt Pauline auf einmal. Sie kommt aus ihrer dunklen Ecke und nimmt Vera den Fotoapparat aus der Hand. „Da unter dem Baum."

Julian schmiegt sich an seine Mutter. Sie legt einen Arm um seine Schulter und drückt ganz leicht mit ihren Fingern auf seinen Arm. So spricht sie mit ihm. Durch Berührung spricht sie unaussprechliche Wörter. Das Blitzlicht blendet ihn. Ein paar Sekunden sieht er nur weiß.

„Lasst uns gehen", sagt Paul.

„Ku, here we come", kreischt Mary. „Man ist so jung, wie man sich fühlt."

„Viel Vergnügen", ruft Julian.

„Wir haben euch etwas zu sagen."

Vera und Victor stehen nebeneinander in der Tür. Hand in Hand. Was ist das nun wieder? Oh, warte mal.

„Wir schlafen heute Abend miteinander."

Natürlich. Logisch. Das ist der richtige Moment. Schlau von ihnen.

„In meinem Zimmer", sagt Vera.

„Was?" Julian starrt seine Schwester an. Er begreift auf einmal das Problem. Das ist ein Problem.

„Und wir?", fragt Pauline mit einer unsicheren Stimme. Sie hat es auch begriffen.

„Du musst in mein Bett, zu Julian ins Zimmer", sagt Victor.

„Nein!" Pauline steht auf und schreit es heraus.

„Stell dich nicht so an."

„Beruhig dich."

„Was gibt das nun?"

„Ihr seid doch auch ineinander verliebt?"

„Das ist doch schön?"

„Es ist nicht für die ganze Nacht."

„Wir müssen natürlich alle wieder in unsere eigenen Zimmer, bevor sie nach Hause kommen."

„Ich stell den Wecker", sagt Victor. „Auf drei Uhr."

„Nein", sagt Pauline noch einmal. „Ich schlafe in meinem eigenen Bett."

„Okay. Dann gehen wir in mein Bett", sagt Victor.

„Auch gut."

„Und ich?", fragt Julian.

„Wenn du nicht zu Pauline willst, musst du draußen schlafen", sagt Vera. „Oder du gehst in die Stadt und nimmst dir ein Hotelzimmer. Wir schlafen auf jeden Fall miteinander. Komm, Victor."

Die zwei verschwinden nach drinnen, eine Stille hinterlassend.

Draußen schlafen? Ist er verrückt? Mit all den Tieren um sich herum. Das niemals.

„Was für eine niederträchtige Gemeinheit", sagt Pauline.

„Und damit kommen sie jetzt. Ich meine, was machen wir?"

Julian schaut sie an. „Wir haben keine Wahl", sagt er.

Pauline schlägt die Augen nieder und setzt sich.

Wieder hat er das unbezwingbare Bedürfnis, zu ihr zu gehen und sie in die Arme zu nehmen.

„Pauline?"

Sie sieht nicht auf und sagt nichts.

„Ich finde es schön, mit dir in einem Zimmer zu schlafen. Ich habe davon geträumt. Bevor wir hierher kamen, hab ich davon geträumt, dass wir zusammen in einem Zimmer schlafen."

„Es überfällt mich einfach", antwortet sie, den Blick noch immer nach unten gerichtet. „Ich bin da einfach nicht drauf vorbereitet."

Stille. Die Grillen zirpen von allen Seiten und der Gecko sitzt auch wieder auf der Mauer. Er ist jeden Abend da. Aus dem Haus hört man das Lachen von Vera und das Gejohle von Victor.

„Wenn du zuerst gehst, kannst du dich in Ruhe ausziehen und so. Ich warte hier. Ich räume die Gläser weg und mach die Lampen aus."

Pauline sieht hoch. Wunderschöne Augen. Wunderschön. Als ob es große Fenster sind, durch die man in die Welt schauen kann.

„Ruf mich, wenn du fertig bist", sagt Julian sanft.

„Okay", sagt sie einfach. Sie steht auf und geht ins Haus.

Der Gecko bewegt seinen Kopf und starrt Julian an.

Sollen wir schwimmen gehen?

Julian zieht seine Hose und sein T-Shirt aus. Die Unterhose muss er anbehalten. Schaut sie zu ihm? Nein, sie guckt nicht. Vielleicht schläft sie schon.

„Schläfst du?"

„Nein." Pauline liegt auf dem Rücken im Bett und starrt zur Decke.

„Denkst du nach?"

„Ja."

„Woran denkst du?"

„Nur so. An nichts und alles zugleich."

Julian steigt ins Bett, das nach Vera riecht. Ein schöner Geruch ist es, ein bisschen süß und warm. Aus dutzenden von Gerüchen zu erkennen.

„Soll ich die Lampe ausmachen? Oder äh …?"

„Mach sie nur aus", sagt Pauline. „Ich bin ziemlich müde."

„Ja, ich auch", sagt er und macht die Lampe aus.

69

Im selben Moment ist alles schwarz. Wer jemals Dunkel gesehen hat, das ist dunkel. Da ist nichts, ganz und gar nichts. Sonst hat man noch einen Streifen oder einen Schein. Jetzt ist nichts, ganz und gar nichts.

„Gute Nacht."

„Gute Nacht."

Julian liegt auf dem Rücken und horcht auf Geräusche. Victor und Vera sind still. Sollte es schon passiert sein? Eigentlich eine verrückte Idee, dass Millionen Menschen auf der ganzen Welt jetzt miteinander im Bett liegen und es tun. Während er und Pauline, durch eine rabenschwarze Mauer getrennt, davon nur träumen können.

„Schlaf gut."

„Schlaf gut."

Hat sie schon mal davon geträumt? Haben Mädchen auch diese Art von Gefühlen? Es muss fast so sein. So wie sie reagiert hat, als er sie geküsst und gestreichelt hat, letzte Nacht. Es lässt sie nicht kalt, das ist sicher.

Die schwarze Mauer bröckelt ein kleines bisschen. Jetzt, da sich seine Augen an die Dunkelheit gewöhnt haben, unterscheidet er doch ein paar ungenaue Konturen: den Schrank und den Stuhl beim Schrank.

„Julian?"

„Ja?"

„Schläfst du schon?"

„Nein. Du?"

„Auch nicht."

Wieder Stille.

„Ich möchte dir etwas sagen", sagt Pauline.

„Was denn?"

„Ich möchte dir sagen, dass ich es eigentlich sehr schön finde, mit dir im Dunkeln in einem Zimmer zu liegen."

„Oh."

„Sehr, sehr schön sogar. Das wollte ich dir sagen."

„Ich finde es auch schön."

Stille. Was soll er jetzt tun? War das eine Einladung?

70

Bestimmt. Dann muss er jetzt aktiv werden. Er ist schließlich der Mann. So wie seine Mutter sagt: Die Frau wirft die Angel aus und der Mann beißt an. Aber was muss er tun? Aufstehen und zu ihr ins Bett kriechen? Und dann? Vielleicht fängt sie an zu schreien? Man weiß es nicht.

„Pauline?"

„Ja?"

„Ich will dir etwas erzählen."

„Okay."

Es geht von selbst. Ohne dass er darüber nachdenkt. Er öffnet den Mund und die Wörter und Gedanken kommen von selbst heraus. Es ist, als ob er nicht selbst spricht, als ob es ihn überkommt, als ob sein Mund und seine Zunge eigenständig handeln. Er schickt die Worte in die Dunkelheit und sie reisen auf eigene Faust zu Pauline.

„In der Schule will ich beim Sport nie mitmachen. Ich erfinde immer alle möglichen Ausreden. Meistens über mein Knie. Aber dann sagt Van Deyssel, dass ich einen Brief vom Arzt haben muss oder von meinen Eltern. Aber den hab ich nie und dann werde ich rausgeschickt."

Pauline schweigt. Sie wird wohl denken: Was soll das? Hört sie noch zu? Stell dir vor, sie ist eingeschlafen! Ach nein, sie hört zu, natürlich hört sie zu.

„Ich würde schon gern beim Sport mitmachen, aber das Problem ist, ich finde es unangenehm mit den anderen zu duschen, in der Schule."

„Ich auch."

„Es sind dreckige Duschen und meistens dauert es ganz lange, bis das warme Wasser kommt." Julian zögert. Er könnte es hierbei belassen. Möglicherweise. „Aber das ist eigentlich nicht der Grund, warum ich es so unangenehm finde."

So. Jetzt ist es raus. Stille. Es ist, als ob er hören kann, dass

sie den Atem anhält. Sie weiß, dass nun etwas kommen
wird. Gottallmächtiger. Nun muss er es sagen. Er kann
nicht mehr zurück.

„Hörst du zu?"

„Ja", sagt sie schnell. „Ich höre zu."

Julian holt tief Atem. „Es ist nämlich so …"

„Ja?"

„Ich hab da unten nämlich noch kein einziges Haar und
die anderen Jungen schon und da hab ich Angst, dass sie
mich auslachen."

So. Basta. Es ist gesagt. Eigentlich ging es leicht. Die Worte
kamen von selbst heraus. Alles ging von selbst. Wie in
einem Traum.

Aber nun?

Was wird sie sagen?

Was wird sie tun?

Pauline. Warum sagst du nichts? Pauline?

„Verstehst du?"

„Ja", sagt Pauline.

Danach bleibt es beängstigend still. Was passiert? Was
denkt sie jetzt? Er hat es einfach erzählt, oder? Ja, er hat
es einfach erzählt. Er kann nicht verstehen, dass er es sich
getraut hat. Sein größtes Geheimnis, er hat es einfach
Klatschbum auf den Tisch gelegt. Oh je. Was nun? Nur
ruhig, man wird sehen. Es ist passiert und nun ist nichts
mehr daran zu ändern. Wird sie ihn auslachen und es
ihren Freundinnen erzählen? Nein. Vielleicht
denkt sie, dass die Geschichte noch nicht zu Ende
ist? Warum sagt sie nichts?

„Julian?"

Endlich.

„Ja?"

„Wollen wir schwimmen gehen?" ·

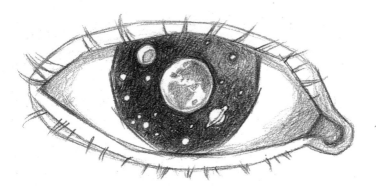

Rosenduft und Mondschein

„Nackt", sagt Pauline.

„Ganz?"

„Ganz." Sie stehen am Rand des Schwimmbeckens. Zusammen. Einander gegenüber.

„Okay", sagt Julian, aber er bewegt sich nicht.

Er sieht ihr direkt in die Augen, in die wundervollen unglaublichen Augen: In ihnen vermischt sich ein feiner Sprenksel vom warmen Licht der großen Öllampe mit einem blassen Schein von dem sich im Wasser spiegelnden Mond. Die Welt in ihren Augen.

„Komm", sagt Pauline. Sie zieht ihr langes T-Shirt über den Kopf und lässt es auf den Boden gleiten. Da steht sie. Ganz nackt. Im Tal blitzen die Lampen an und aus und Millionen Sterne blinken.

„Ja", sagt Julian und zieht seine Unterhose aus.

Da stehen sie. Sie schauen sich an. Mit einem Lächeln. Zwei blasse, blanke Körper.

Noch nicht erwachsen.

„Schön", sagt Julian. „Sehr schön."

„Du auch", sagt Pauline. Sie nimmt seine Hand. „Wollen wir ins Wasser?"

„Gut."

„Wir sollten lieber leise über die Treppen. Wenn Victor und Vera uns hören, kommen sie bestimmt auch."

„Das würde alles kaputtmachen."

„Ja, das würde alles kaputtmachen."

Pauline drückt sich an ihn und küsst ihn. Julian weiß nicht, was ihn überkommt. Es ist etwas Unbeschreibliches. Das erste Mal in seinem Leben fühlt er den nackten warmen Körper einer Frau an seinem.

Unglaublich ist das, unglaublich.

„Komm." Sie zieht ihn mit.

Das Wasser ist schwarz, durchblitzt vom Mondlicht, das hin und her tanzt, jede Sekunde die Form verändert. Darüber ist die Luft, der Himmel, auch schwarz, aber der bewegt sich nicht, und die dutzenden kleinen gelben Lichtpunkte, die dort scheinen, verraten, dass es Sommer ist. Und mittendrin stehen Julian und Pauline, als Mittelpunkt des Weltalls, einander küssend und streichelnd in einer Umarmung. Das schwarze Wasser um ihre Taille und die schwarze Kuppel des Himmels darüber beschützt sie.

„Liebe", sagt Julian.

„Ja", sagt Pauline. „Liebe."

74

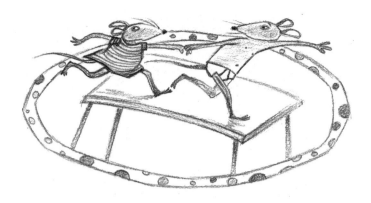

Mitten in der Nacht
ist es Morgen geworden

Julian wird erschrocken wach vom heulenden Geräusch
eines Autos, das den Berg hochfährt. Er liegt mit seiner
Geliebten auf dem Liegestuhl. Es ist beinahe Morgen. Die
Luft ist graublau.

„Pauline!"

„Was ist?"

„Wir sind eingeschlafen. Sie sind da." Er springt auf. Wo
ist seine Unterhose? Da, am Rand des Schwimmbeckens.
Und da ist das T-Shirt von Pauline.

„Shit. Wie spät wird es sein?"

„Es ist beinahe hell."

„Hier. Dein T-Shirt."

Julian küsst sie noch einmal schnell. „Ich liebe dich."

„Ich dich auch."

Sie ziehen sich schnell an. Nun ja, anziehen …

„Was machen wir jetzt?"

75

„Ich weiß es nicht."

Von der Vorderseite des Hauses sind laute Stimmen und
die Geräusche von zuschlagenden Türen zu hören.

„Ich glaube, die sind betrunken."

Das Auto fährt wieder ab. Ein lautes und hohes Lachen ertönt.

„Das ist meine Mutter", flüstert Pauline beschämt. „Die kreischt immer so, wenn sie was getrunken hat."

„Ob Vera und Victor noch zusammen im Bett liegen?"

„Victor wollte doch den Wecker stellen?"

Julian gibt Pauline noch einen schnellen Kuss auf den Mund.

„Ich liebe dich."

„Ich dich auch."

Um die Hausecke kommt seine Mutter mit Paul am Arm. Sie lachen.

„Wollen wir noch schwimmen gehen?", fragt Paul.

„Warum nicht?" Mutter knickt um.

„Sieh mal, wen wir hier haben?"

„Was macht ihr hier?"

Paul klingt mehr erstaunt als böse.

„Wir sind schon auf", sagt Julian mit einem entschuldigenden Lächeln.

„Kommt ihr mit schwimmen?", sagt Mutter und beginnt ihren Rock auszuziehen.

„Jozefien!" Da ist Vater.

„Wir gehen schwimmen, Jochem."

„Victor und Vera liegen zusammen im Bett."

Mutter starrt ihren Mann an. Es dauert etwas, bis sie begreift. „Oh", sagt sie erst mal nur. Dann lacht sie.

Sie lacht!

„Ich hätte es wissen können", sagt sie.

„Und was macht ihr hier?", fragt Vater Julian böse.

„Wir sind schon auf", sagt Pauline mutig.

„In Unterwäsche?"

Ach ja. Da ist was dran.

„Äh …", sagt Julian. Weiter weiß er nicht.

„Was ist hier los?", fragt Paul. Er guckt ernst.

„Die Kinder haben gefeiert", kichert Mutter. „Ist die Katze aus dem Haus, lassen die Mäuse die Sau raus."

Beine im Wasser

„Guten Morgen. Wie spät ist es?"

„Halb zwölf", sagt Mutter. „Guten Morgen." Sie sitzt auf dem Liegestuhl und lackiert ihre Zehennägel. Vater geht rastlos am Schwimmbecken auf und ab.

„Wo sind die anderen?"

„Vera und Pauline schlafen noch. Victor macht mit seinem Vater einen Spaziergang. Und Mary ist drinnen."

„Oh", sagt Julian. Er legt sein Handtuch auf den Liegestuhl.

„Es gibt Probleme", sagt Mutter. „Vera und Victor sind heute Nacht miteinander im Bett gewesen."

„Jozefien, bitte."

„Komm, Jochem. Der Junge ist doch nicht blöd. Er weiß, was los ist."

Vater schüttelt den Kopf. „Du tust so, als ob alles ganz normal ist."

„Das ist es wohl auch ein bisschen", sagt Mutter und sie beginnt mit ihrem großen Zeh. „Ab einem bestimmten Moment sind Kinder große Kinder und große Kinder gehen miteinander ins Bett. Das ist die Natur, das haben wir auch getan."

78

„Nicht in diesem Alter. Vera ist, verdammt noch mal, vierzehn."

„Ich war fünfzehn", sagt Mutter.

„Du, ja."

„Ich, ja. Zähl ich nicht?"

„Lass uns nicht wieder anfangen. Nicht, wenn jemand dabei ist."

„Bin ich jemand?", fragt Julian.

„Halt du deinen frechen Mund", sagt Vater.

Paul und Victor kommen um die Hausecke.

„So, da sind wir wieder", sagt Paul. „Wo ist Mary?"

„Drinnen", sagt Mutter. „Sie weint."

„Lächerlich", sagt Victor.

„Das hast du nicht zu beurteilen", sagt Vater.

„Und du bist nicht mein Vater."

„Victor." Paul macht eine jähzornige Geste. „Geh zu deiner Mutter und erzähl ihr, was du mir erzählt hast."

„Warum muss ich …"

„Victor!"

Das ist ernst. Das ist deutlich. Victor geht.

„Es hat nicht geklappt", sagt Paul, als sein Sohn verschwunden ist.

Mutter schaut auf.

„Nicht geklappt?"

„Nein. Es ging nicht, hab ich gerade gehört. Also ist eigentlich nichts passiert."

„Es ist nichts passiert?"

„Nun ja, nichts ist ein großes Wort. Aber die Tat selbst ist auf jeden Fall nicht verübt worden."

Julian verbirgt ein Lachen. Die Tat selbst ist nicht verübt worden! Wie das klingt. Wie in der Politik.

„Ich geh mal schauen, wie es Mary geht." Paul dreht sich um und geht ins Haus.

„Ach herrje", sagt Mutter. „Es hat nicht geklappt. Wie traurig für sie." Sie schließt die Nagellackflasche und steht von der Liege auf.

„Wo gehst du hin?", fragt Vater.

„Zu Vera. Sie wird doch mittlerweile wach sein."

„Was hast du vor?"

„Wenn du als Mädchen so etwas tust, das erste Mal, und es klappt nicht, dann brauchst du deine Mutter."

„Bestimmt für nützliche Ratschläge?", spottet Vater.

„Ja, Jochem, für nützliche Ratschläge", sagt Mutter förmlich. Sie geht auf ihren Fersen, weil der Nagellack noch nicht trocken ist.

Im Vorbeigehen streichelt sie Julian über die Haare.

„Deine Mutter ist völlig verrückt."

Julian sagt nichts. Sein Vater ist schon bedauernswert. Er hat eigentlich nichts zu melden. Und niemand findet ihn wirklich nett.

„So schlimm ist es doch nicht?", versucht Julian es freundlich.

Da ertönt ein tiefer Seufzer. „Muss ich es dann auch noch gut finden?"

Ach Gott. Wie traurig. Der Mann hat es nicht leicht.

„Nein. Vielleicht nicht", sagt Julian. „Wenn du Vater bist, musst du vielleicht doch etwas sagen."

„Endlich jemand aus der Familie, der ein wenig meine Situation versteht. Sag das doch auch einmal, wenn deine Mutter dabei ist."

80 „Das werde ich tun", verspricht Julian.

Er setzt sich an den Rand des Schwimmbeckens und lässt seine Beine ganz vorsichtig ins Wasser herunter. Das Wasser ist herrlich.

„Hast du dich einfach aus dem Zimmer schicken lassen?"

„Och", sagt Julian. „Sie sind schon so lange ineinander verliebt."

Vater macht eine ungeduldige Geste. „Was hat das nun damit zu tun?"

„Alles, dachte ich", sagt Julian.

„Ich finde vierzehn einfach zu jung."

„Wie alt warst du, Papa, als du das erste Mal mit einem Mädchen ins Bett gegangen bist?"

„Einundzwanzig", sagt Vater.

Julian lacht. „Echt? Einundzwanzig?"

„Einundzwanzig, ja. Und das war sehr schön."

„Wenn man vierzehn ist, kann es vielleicht auch sehr schön sein."

„Aber das war es hier wohl nicht, wenn ich richtig verstanden habe", sagt Vater. Er setzt sich neben seinen Sohn und lässt auch die Beine ins Wasser gleiten.

„Nun ja", sagt Julian. „Man muss irgendwann anfangen."

„Klugschwätzer", sagt Vater, aber seine Stimme klingt freundlicher.

„Und war das mit Mama?", fragt Julian. „Das erste Mal, mein ich."

„Nein, das war nicht mit deiner Mutter."

„Mit wem dann?"

„Mit jemandem, den du nicht kennst."

„Wie hieß sie?"

„Warum willst du das wissen?"

„Nur so. Find ich lustig."

„Sie hieß Isabelle", sagt Vater und starrt über das Tal.

81

„Schöner Name."

„War auch ein schönes Mädchen."

Es ist still. Er ist doch ein lieber Mann, mein Vater, denkt Julian.

Er schaut auf die vier Beine im Wasser. Zwei ohne Haare und zwei mit. Vielleicht ist er einfach verlegen. Sollte es das sein? Vielleicht ähnelt er viel mehr seinem Vater, als er immer gedacht hat.

„Julian?"

„Ja?"

„Du machst doch diese Sachen noch nicht, oder? Sex und so?"

Oje. Eine gefährliche Frage. Brenzlig.

„Ich bin noch nie mit jemandem im Bett gewesen. Aber ich würde schon gern."

„Ja", sagt Vater leise, nachdem es eine Weile still war. „Ich wollte es auch sehr gern, als ich in deinem Alter war. Oder vielleicht war ich etwas älter. Ich träumte davon, nachts im Bett."

„Ich träum auch davon", sagt Julian.

„Es kommt einmal, wirklich. Auf einmal passiert es."

„Ich hoffe, dass ich nicht warten muss, bis ich einundzwanzig bin."

„Nein", sagt Vater. „Das hoff ich auch nicht für dich."

Auf einmal weht es ein bisschen. Ein Kräuseln streicht über das Wasser. Sie schauen zusammen zu.

„Aber ein Kuss und so schon. Das schon."

„Mit Pauline?"

„Ja."

„Und was ist ‚und so'?"

„Ganz normal. Streicheln."

„Streicheln. Ja, das geht schon", sagt Vater.

Julian schaut ihn von der Seite an. Nur dass er nackt mit Pauline geschwommen ist, sollte er nicht sagen. Das wird vielleicht ein bisschen zu viel für ihn sein.

Prost, Lover!

„Warm ist es!"

„Glühend heiß!"

„Zum Ersticken!"

Die Gesellschaft sitzt am Schwimmbecken und schnauft. Es gibt Limonade, aus Zitrone und Zucker gemacht. Julian trinkt davon. Paul, Vater und Victor sitzen mit einem Pils am Tisch unter dem Vordach, Vera liegt auf dem Bauch auf der Liege und liest, Mutter schwimmt und Mary sitzt im Schatten mit zwei Gurkenscheiben auf ihren Augen und einem Handtuch um das Haar.

„Wo ist Pauline denn schon wieder?", nörgelt Paul. „Sie ist noch nicht einmal geschwommen."

„Doch", sagt Julian. Es flutscht ihm so raus. Alle sehen ihn an. Er wird rot.

„Wann denn?"

„Pauline ist geschwommen? Wann?"

„Bestimmt ein Mal", stottert er. „Als wir nicht ge-guckt haben." Mutter schwimmt und lacht mit einem Zwinkern in den Augen. „Das kann sehr gut sein", sagt sie, „dass sie es heimlich getan hat." Ihre Stimme hallt an den Kacheln des Schwimmbeckens wider.

83

„Ich verstehe das Mädchen nicht", sagt Paul. „Es ist doch verrückt. Bei diesem Wetter." Er steht auf.

„Ich misch mich da nicht mehr ein", piept Mary unter den Gurkenscheiben.

„Lass das Mädchen, Paul", ruft Mutter aus dem Wasser.

Julian lacht ihr zu, sie lacht zurück und schwimmt zur Treppe.

„Sehr gesund ist das", sagt sie, als sie auf dem Rand steht.

„Ich schwimme vielleicht fünfzig Bahnen jeden Tag." Sie nimmt ihr Handtuch.

„Fünfzig?", fragt Julian. „Meinst du?"

„Fünfzig ist vielleicht ein bisschen viel? Ja, du hast Recht. Okay, dann fünf." Sie lacht.

„Wollen wir noch was von der Limonade nehmen?"

Julian nickt und steht auf.

„Willst du keinen Champagner, Julian?"

Was ist das?

Pauline.

Da steht, urplötzlich, Pauline, mit einem Tablett, darauf eine kleine Flasche Champagner, der Pikkolo, und zwei Gläser. Sie trägt nur eine Bikinihose, kein Oberteil.

„Was ist das nun wieder?", ruft Vater.

„Was passiert da?" Die Gurkenscheiben von Mary fallen zu Boden.

„Das begreife einer." Victor stößt sein Bier um.

„Nun? Möchtest du ein Glas?", fragt Pauline noch einmal.

Sie hat einen triumphierenden Blick in den Augen.

„Gerne", sagt Julian.

84

Pauline öffnet geschickt den Pikkolo. Alle starren hin. Es ist mucksmäuschenstill in der flimmernden Hitze, wodurch der Knall des Korkens besonders laut klingt. Der Champagner strömt aus dem Flaschenhals und in das erste Glas, das Pauline schnell darunter hält.

„Bitte."

„Danke."

„Hey", sagt Victor, auf den Körper seiner Schwester starrend. „Wie ist das nun möglich? Gestern hatte sie …"

Vaters Hand bedeckt seinen Mund, sodass der Rest vom Satz verloren geht.

„Sei still, Schwiegersohn", sagt er. „Sonst enterb ich dich."

Alle lachen.

Pauline gibt Julian ein Glas, tritt zwei Schritte zurück und hebt dann ihr Glas.

„Prost, Lover", sagt sie. „Auf die Liebe."

„Auf die Liebe", sagt Julian.

„Wisst ihr eigentlich", sagt Vera, von ihrem Buch aufblickend, „dass es auf dieser Insel gar keine Schlangen gibt? Die gibt es hier einfach nicht. Verrückt, was?"

Haye van der Heyden wurde 1957 in Bilthoven in Holland geboren. Er ist Kabarettist, Schauspieler, Liedermacher, Sänger und Autor und hat als Texteschreiber und Regisseur fürs Fernsehen gearbeitet. „Kuscheln" ist der dritte Band einer fünfteiligen Fortsetzungsreihe über die wachsenden Gefühle von Julian und Pauline und Vera und Victor. Der erste Band „Küsschen" erschien 1996, der zweite Band „Küssen" 1997, beide ebenfalls im Ravensburger Buchverlag.

Eva Czerwenka wurde 1965 in Straubing geboren. Sie studierte zunächst in München Bildhauerei und hat an der dortigen Kunstakademie angefangen, sich mit dem Illustrieren von Büchern zu beschäftigen. Das erste Buch, das sie mit Bildern versehen hat, erschien 1993.

Jetzt laufe ich schon die ganze Zeit allein hier in der Gegend herum und weiß nicht, wohin. Wie in dem Traum, den ich oft träume. Seit damals in Frankreich. Ich laufe und laufe, die Füße sind schwer, die Zeit rennt mir weg und ich komm nicht da an, wo ich hinmuss.

Der Traum ist zum Glück immer irgendwann zu Ende, ich wache auf und alles ist gut!

Aber jetzt träume ich nicht, also kann ich nicht aufwachen. Sie sind weg!, dröhnt es in meinem Kopf wie eine Lautsprecheransage, die sich immer wiederholt. Sie sind ohne mich zurückgefahren!

Längst hab ich alle Parkplätze abgesucht und es gibt hier so viele.

Hölle, wie seh ich denn aus! Doch, wirklich, das bin ich, die sich da in einem Autofenster spiegelt. Die Haare hängen mir ins Gesicht, feucht vom Schwitzen. Und ich gucke, als wäre ein Ungeheuer hinter mir her und wollte mich jeden Augenblick fressen.

Ich laufe weiter, laufe zum nächsten Parkplatz, klar denken kann ich nicht.

„He, Janina!"

Hat mich wirklich jemand gerufen?

„Janina, warte doch!"

Ich bleib stehen. Dreh mich um.

Es ist Fabian. Fabian aus meiner Klasse. Ich bin so erleichtert, dass ich schreien könnte. „Wo sind die anderen?"

Fabian runzelt die Stirn. „Verschwunden von diesem Planeten. Vielleicht in einen Erdspalt gerutscht?" Komisch grinsend zieht er die Schultern hoch, sodass es aussieht, als hätte er keinen Hals.

„Mach jetzt bloß keinen Quatsch!"

Oh Mann. Ganz kurz hab ich gehofft, die anderen würden auch gleich auftauchen, oder ein paar Leute hätten mich gesucht, und einer davon wäre Fabian und er würde sagen: Komm, der Bus wartet gleich um die Ecke.

Aber Fabian steht nur da, abgekämpft und mit rotem Kopf, genau wie ich. „Reg dich nicht auf", murmelt er, „ich hab sie verloren, du ja wohl auch."

„Ja", sag ich, „und die Henrichs dreht durch, wenn sie merkt, dass wir fehlen!"

Wir laufen gemeinsam weiter. Aber der Parkplatz, den wir suchen, der ist wohl wirklich in einen Erdspalt gerutscht.

Bei einer Telefonzelle machen wir Halt.

Fabian hat seinen Schülerausweis dabei. „Sag mir mal die Nummer."

In der Zelle ist eine Affenhitze.

Ich steh ganz nah neben Fabian. Er wählt.

Frau Kesten meldet sich. Ich versteh jedes Wort.

„Frau Henrichs ist ziemlich fertig", sagt unsere Schulsekretärin. „Sie wollte schon die Polizei einschalten. Was macht ihr bloß, ihr zwei?"

„War keine Absicht, ehrlich nicht", sagt Fabian. „Irgendwie haben wir die anderen verloren. Und Janina hab ich gerade erst zufällig getroffen."

„Immerhin seid ihr zusammen." Frau Kestens Stimme klingt besorgt. „Und wie kommt ihr jetzt nach Hause?"

„Bus, Zug, S-Bahn, am liebsten Hubschrauber natürlich." Fabian sagt das mit völlig ernstem Gesicht.

Ich seh ihn mir von der Seite an. Der ist wohl immer gut drauf. Muss dauernd seine Scherze machen. Im Unterricht auch. Wenn er was sagt, ist es meistens irgendwie komisch.

Oder er spielt Theater. Als er neulich in Sport hinter Brock stand und ihn nachgemacht hat, wär ich beinah laut rausgeplatzt.

Aber eigentlich kenn ich Fabian kaum, er ist erst seit Anfang des Schuljahres in unserer Klasse.

Jetzt bin ich froh, dass ich ihn getroffen habe. Wahnsinnig froh! Soll er ruhig Blödsinn reden. Wenigstens bin ich nicht mehr allein.

„Komm!" Er drückt sich so fest mit dem Rücken gegen die Tür vom Telefonhäuschen, dass er fast rausfliegt. „Wir mieten einen Hubschrauber, bevor wir hier drin ersticken."

Ich muss lachen, obwohl mir nicht danach zumute ist.

Eine Frau erklärt uns, wie wir zum Bahnhof kommen. „Nehmt am besten den Bus. Er hält gleich da drüben."

Ich erzähle Fabian von der letzten Viertelstunde im Zoo. „Wir wollten noch mal kurz ins Delfinarium, Alex und ich. Und plötzlich waren lauter fremde Leute um mich rum. Keine Alex. Niemand mehr von der Klasse. Ich bin die Wege rauf und runter gelaufen, hab die Aufseher gefragt. Aber das hat nichts gebracht. Und dann bin ich wohl auch noch zum falschen Ausgang raus."

„Ich war zuletzt bei den asiatischen Großkatzen." Fabian grinst. Und er reckt und streckt sich, als wäre er selbst eine Katze. Gleich fängt er sicher auch noch an zu schnurren oder zu fauchen.

„Da ging die Post ab!" Er fuchtelt beim Reden mit den Händen in der Luft herum. „Einer von den Tigern hat an die Scheibe vom Käfig gepinkelt. Das war stark! Die Extra-Tiger-Pinkel-Nummer. Kostenlose Abschiedsvorstellung. Einfach irre! Die Leute um mich rum haben gekreischt, als wenn der Tiger sie angepinkelt hätte."

„Du übertreibst!", rutscht es mir heraus.

Das Grinsen verschwindet aus Fabians Gesicht. Er dreht sich weg und guckt aus dem Fenster. Auf seine hellroten Wuschelhaare fallen Sonnenstrahlen. Schön sieht das aus. Ob er mir jetzt böse ist?

Im Bus wird es auf einmal ungemütlich still.

Ich hätte das nicht sagen sollen. Kann mir doch egal sein, wenn es ihm Spaß macht zu übertreiben.

„Der Tiger hat echt gegen die Scheibe gepinkelt", murmelt Fabian.

„Glaub ich dir doch." Ich weiß nicht, was ich sonst sagen soll.

„Du", er lächelt plötzlich, sieht aber immer noch aus dem Fenster, „ist ja eigentlich nicht schlimm, dass wir allein zurückfahren müssen. Nur mit der Henrichs, das tut mir Leid."

Ich muss an Katharina denken, meine große Schwester mit dem absoluten Durchblick. Zurzeit hat sie an allen Leuten was rumzumeckern. Über die Henrichs schimpft sie selten, sie hat bei ihr Deutsch und Geschichte, genau wie wir.

„Klar", sag ich, „die Henrichs ist in Ordnung. Hoffentlich denkt sie jetzt bloß nicht, dass wir sie ärgern wollten."

„Glaub ich nicht", sagt Fabian. „Frau Henrichs doch nicht!"

Ja, sie ist zwar manchmal sehr empfindlich, und wie sie sich vorhin aufgeregt hat, kann ich mir gut vorstellen. Aber sie glaubt einem, wenn man ihr was erklärt.

„Sie hat Katzenaugen", sagt Fabian.

Stimmt, denk ich, obwohl ich mir das bis jetzt noch nie überlegt habe.

„Magst du Katzen?", frag ich ihn.

„Klar."

„Habt ihr eine?"

„Eine? Wir haben drei."

„Echt? Wir auch. Eine Katze pro Kind. Madame Butterfly, Aida und Othello."

„Unsere heißen Tick, Trick und Track. Und dann hab ich noch zwei Brüder", sagt Fabian.

„Ich hab zwei Schwestern. Eine große und eine kleine."

„Ich bin auch mittendrin."

„Oh Mann", sag ich, „das ist doof, total doof, oder?"

„Total oberdoof", sagt Fabian.

„Drei Kinder, drei Katzen". Ich gebe mir Mühe, ein ernstes Gesicht zu machen. „Weißt du, was ihr seid?"

„Total doof?", fragt Fabian vorsichtig.

„Nee, asozial."

„Genau wie ihr!"

„Stimmt." Jetzt muss ich doch lachen. „Genau wie wir." Ich erzähle Fabian von der Frau, die mal hinter uns gegangen ist, als Celina noch im Kindersportwagen saß. Mama hat sich damals vielleicht geärgert.

„,Asozial, drei Kinder heutzutage', hat die Frau gesagt. ,Manche Leute haben wohl noch immer nichts von Antibabypillen gehört.'"

Hölle, ich weiß nicht, was mit mir los ist. Normalerweise erzähl ich Leuten, die ich kaum kenne, nicht solche Sachen. Zum Glück müssen wir aussteigen, wir sind am Bahnhof in Münster angekommen.

Fahrräder, eins dicht neben dem anderen, ich hab noch nie so viele auf einmal gesehen. Ich würde meins nie mehr wieder finden, wenn ich es dazwischen abgestellt hätte.

„Wollen wir uns die zwei schnellsten ausleihen?" Fabian geht prüfend an einer Reihe von Rädern entlang. „Ein bisschen Fahrtwind bei der Hitze wär nicht schlecht."

„Und dann über die Autobahn nach Hause, klar, wenn wir schon keinen Hubschrauber kriegen." Ich bleibe vor einem grellrot angesprühten Fahrrad stehen.

„Also lieber Zug. Fahrräder sind zu gefährlich, Bus hatten wir schon", meint Fabian.

Vor dem Fahrkartenautomaten suchen wir unser Geld zusammen. „Mist!", sagt Fabian. „Es reicht nicht."

Ich hab auch nicht genug. Uns fehlen genau fünf Mark.

„Und was machen wir jetzt? Schwarzfahren? Oder die falsche Preisstufe nehmen?"

„Besser, wir verdienen uns was", sagt Fabian und macht auch noch ein fröhliches Gesicht dabei.

„Hör auf, immer machst du Witze!"

„Ich mein's ernst." Fabian drückt mir seinen Rucksack in die Hand. Und dann läuft er mitten in der Bahnhofsvorhalle auf den Händen. Schlägt Rad. Vorbei an den Leuten. Ist blitzschnell wieder auf den Füßen.

„Spinnst du!", schreit ein Mann. „Beinah hätt ich deine Füße im Gesicht gehabt."

„Wie das wohl ausgesehen hätte?", sagt Fabian.

„Werd auch noch frech!", schimpft der Mann.

Aber Fabian ist schon weg. Auf den Händen natürlich. Der könnte glatt im Zirkus auftreten.

„Generalprobe", sagt er außer Atem, als er neben mir auftaucht. „Ein bisschen eng hier, aber es muss gehen. Ist ja schließlich ein Notfall." Er runzelt schon wieder die Stirn. „Vielleicht mach ich's doch besser draußen. Sonst kriegt wirklich noch einer meine Füße ins Gesicht."

Er sucht in seinem Rucksack und drückt mir eine Kappe in die Hand. „Damit kannst du das Geld einsammeln."

„Ich? So was kann ich nicht!"

„Versuch's einfach. Oder willst du hier versauern?"

„Und du glaubst wirklich, dass die Leute uns was geben?"

Er sagt nichts. Er guckt mich einfach nur an.

Ich will kein Feigling sein. Also nehm ich die Kappe. Und schon beginnt Fabian mit seiner Vorstellung.

Er läuft auf den Händen zur Rolltreppe, die in den Fußgängertunnel zur Innenstadt führt.

Ich halte die Luft an. Er wird doch nicht kopfüber da runter wollen?

Im allerletzten Moment schwenkt er nach rechts ab, in einem Affenzahn zwischen zwei Skatern hindurch und Flic-Flac um drei Fahnenmasten zu einer Plastik in der Nähe, moderne Kunst oder so, schlägt ein paar Mal Rad über den breiten steinernen Rand von der Plastik und läuft dann zum Bahnhofseingang zurück.

Sagenhaft! Wie einer so schnell auf den Händen laufen kann ohne aus dem Gleichgewicht zu kommen? Ohne die Leute anzurempeln?

Das denken auch noch andere, das seh ich an den Blicken.

Also hol ich tief Luft und zähl bis drei. Dann geh ich endlich mit der Kappe los, geh auf eine Frau mit weißen Haaren zu. Die liebe Oma aus einer Fernsehreklame.

Von wegen, die macht einen großen Bogen!

Ich probier's bei einem Mann, der so alt sein könnte wie mein Papa. Er hat auch die gleiche Brille.

Ich geb mir Mühe und lächle ihn an. Trotzdem, auch der geht mir aus dem Weg.

Verflixt! Ich müsste was sagen. Dass wir Flüchtlingskinder sind oder so. Nur sehen wir nicht danach aus. Und ich kann's einfach nicht.

„Seid ihr Geschwister?", fragt mich plötzlich ein jüngerer Typ mit kurzen Stoppelhaaren, einer, in den Katharina sich sofort verlieben würde.

Und noch ehe ich antworte, steht Fabian neben uns und schnappt nach Luft.

„Zwillinge", sagt er. Dann erzählt er vom Schulausflug. Dass wir die Klasse verloren haben und dass unser Geld nicht für die Rückfahrt reicht.

„Fünf Mark?" Der Mann zieht sein Portmonee aus der Hosentasche. „Das ist deine Vorstellung wert."

„Hunger habt ihr sicher auch", sagt eine Frau mit einem lustigen kleinen Pferdeschwanz. Sie strahlt übers ganze Gesicht.

„Meine Mutter", der junge Mann zwinkert ihr zu. „Sie glaubt immer, alle Leute wären am Verhungern."

„Nicht alle Leute." Sie versucht, streng auszusehen. „Aber Kinder haben doch meistens Hunger." Sie legt mir einen Zehnmarkschein in die Kappe. Zehn Mark! Ich kann's nicht fassen.

„Kommt gut nach Hause, ihr zwei!" Energisch nimmt sie ihren Sohn am Arm. „Komm, Till, sonst ist unser Zug weg!"

„Siehste", sagt Fabian zufrieden. „Jetzt können wir sogar noch was zu essen kaufen!"

„Zwillingsbruder", ich schüttel den Kopf. „Die Ähnlichkeit ist einfach irre."

„Guck demnächst mal genauer in den Spiegel!" Fabian geht einen Schritt zurück und mustert mich. „Verschiedene Haarfarben, naja, das ist doch nicht so wichtig. Auf Schwarzweißfotos wären wir uns bestimmt ganz schön ähnlich."

Er dreht sich um und steuert auf den Bäckerladen im Bahnhof zu. „Hab ich einen Hunger."

Wir kaufen uns Käsebrötchen und Cola.

Und Fahrkarten natürlich.

In fünf Minuten geht der Zug. Einmal müssen wir umsteigen.

„Unterwegs machen wir Picknick." Fabian strahlt.

Ich hätte mir nie im Leben vorstellen können, dass man mit ihm so viel Spaß haben kann. Von mir aus könnte die Fahrt nach Bochum ruhig länger dauern.

Aus:
Inge Meyer-Dietrich,
Der Sommer steht Kopf
128 Seiten mit 14 Illustrationen von Patrick Hespeler
ISBN 3-473-34350-1